国際会計基準の着地点

—田中　弘が語るＩＦＲＳの真相—

田中　弘
Tanaka Hiroshi

税務経理協会

読者の皆様へのメッセージ

IFRS《イファース》がやってくる

国際会計基準（IFRS）の時代だと言われます。

企業の活動や投資家の投資行動が、自国の範囲にとどまらず、国境を越えてボーダレスになってきました。そうしたことから、企業の経営成績や財政状態を表示する財務諸表を作成するルール（会計基準）を統一して、どこの国の企業でも、同じ「ものさし」で業績や財務の状況を測定・表示しようというのです。

大きな書店に行きますと、「国際会計基準」とか「IFRS」の解説本が山積みにされていて、どれを読んだらいいのか分からずに、いまだに「IFRSって何だ？」と感じている人も、何冊かの本を読んだけれども「IFRSの正体がわからない」という人も多いと思います。

「腑に落ちない」

ＩＦＲＳが「どこか腑に落ちない」「何かしっくりこない」と感じている方が大多数ではないでしょうか。でも、なかなかそれを口にできずに一人で悶々とされている皆さん、実は、きっと隣の席で一緒に仕事をしている方々も、皆さんの上司も、競争企業の方々も、同じ悩みを抱えているのです。正直に言いますと、会計と会計学を職業としている会計学者や会計士の皆さんも、ＩＦＲＳには正面切って反対はしていませんが、内心では「とんでもないことが進行している」ことに強い恐怖と違和感を覚えているのではないでしょうか。

ＩＦＲＳを理解するには、「ＩＦＲＳの出自」「ＩＦＲＳの本質」、さらには「ＩＦＲＳの真の狙い」を知っておく必要があります。しかし、書店に並んでいる多数の解説書には、ＩＦＲＳの出自もＩＦＲＳが何を狙っているのかも書いてありません。

ＩＦＲＳは「会社の身売り価格」を計算するもの

実は、ＩＦＲＳは、会社の「即時清算価値」、つまり、どこかの会社を買収するときの「買取価格」を計算するものです。逆に言いますと、あなたの会社の「身売り価格」を計算するのです。ＩＦＲＳでは、企業をコモディティ（商品）とみて、企業を買ったり売ったりするときに必要な情報を作成するための基準なのです。

要するに、一部の投資家（ファンド）が、どこかの会社を買収して、その資産負債をバラバラに切り売りして処分した時の価値を計算するのです。この会社の今日の株価（これは株価ボードに書いてあります）と企業の現在価値（売却価値）がわかれば、買収して処分した後にどれだけの資金が残るかを計算できるというのです。ＩＦＲＳは、手っ取り早く企業を売買して荒稼ぎするための会計なのです。

そうしたことを理解してＩＦＲＳを読めば、「ＩＦＲＳの正体」も理解できますし、負債の時価評価や資産除去債務などの不思議な基準が何を目的としているのかも納得できます。さらにまた、ＩＦＲＳは世界中で採用されているという話の割には、世界最大の資本市場をもつアメリカがＩＦＲＳの採用に踏み切らない理由もわかると思います。

ＩＦＲＳは連結財務諸表のための基準

ところで、ＩＦＲＳは、連結財務諸表に適用するために開発された基準です。個別財務諸表（単体ともいいます）に適用することは想定されていません。なぜなら、世界の会計先進国では、一般に公表されるのは連結財務諸表だけだからです。単体の財務諸表は株主総会で株主に配布されますが、アニュアル・リポート（わが国の有価証券報告書に相当）には掲載されません。

それが、わが国では、ＩＦＲＳを個別財務諸表（単体）にも強制適用しようとしてきました。国際的には常識はずれなことをしようとしているといった批判もあり、最近の議論では、ＩＦＲＳは連結財務諸表にだけ適用する話でまとまりつつあるようです。連結財務諸表にＩＦＲＳを適用しても、個別財務諸表（単体）には日本の会計基準を適用することから、「連単分離」と呼ばれています。

任意適用の継続・拡大へ

上のことは、平成24（2012）年7月2日に企業会計審議会から公表された「国際会計基準（IFRS）への対応のあり方についてのこれまでの議論（中間的論点整理）」でも確認されています。

またこの中間的論点整理では、「わが国会計基準のあり方を踏まえた主体的コンバージェンス、任意適用の積上げを図りつつ、国際会計基準の適用のあり方について……最もふさわしい対応を検討すべきである」として、2010年3月期から日本企業に認めてきた任意適用を継続・拡大することによってIFRS適用の実例を積み上げることとしています。

これまでは、IFRSをすべての上場会社に「強制適用」するという話が既定の事実かのように流布していましたが、この論点整理では「強制適用」論はまったく影を潜め、「任意適用の継続」の方向が打ち出されています。

本書は、私のいくつかの講演録に加筆修正したものです。日本に時価会計が導入されたときも、アメリカの企業や日本の企業が粉飾決算に汚染されたときも、そして今回、ＩＦＲＳが日本と世界の会計を大混乱に陥れたときも、私は多くの論文や本を書いて、日本の経済界・会計界に「乗ろうとするバスの行き先が違う」とwhistleを鳴らしてきたつもりです。

ご関心の高いところからお読みください

本書は時価会計が日本の経済界を不況に追い込んだ２００３年頃の講演から、日本企業が粉飾を繰り返して自壊した２００７年、さらには、ＩＦＲＳの導入を巡って日本中が混迷を深めた２００９年～２０１２年における講演を収録したものです。

時代順に収録してありますが、どの章からお読みいただいてもかまいません。読者の皆さんがご関心の高いテーマからお読みいただいても、全体像がつかめるようになっています。

謝辞

99％の会計学者と会計士（もちろん誇張しています）が時価主義に賛成し、ＩＦＲＳを支持する状況の中で、それに敢然として（か弱いカマキリのごとく）立ち向かったことに興味を抱いてくださった、いろいろな機関や団体などからたびたび講演を頼まれました。私の話を聞いていただく機会を与えて下さったことに深く感謝しています。

お礼の意味を込めて一部を記しますと、経済倶楽部、経済産業省、富丘経済研究会、産業経理協会、ＴＫＣ、野村證券株式会社本店法人営業部、日本建設業連合会、青年消費者問題研究会、東京地方税理士会、企業活力研究所、民主党企業会計検討小委員会、経済同友会、マーカスエバンス、牛島総合法律事務所、ＣＥＧＢ、大阪倶楽部、協同金融研究会、全国地方銀行協会、中国経済連合会、経済クラブ三豊会、建設工業経営研究所などたくさんの機関や団体です。とても書き切れません。とりわけ経済倶楽部、産業経理協会、ＴＫＣからはたびたびお声をかけていただきました。

なお、本書は講演録という性格上、あまり専門的な話や理屈っぽい話は紹介できませんでしたが、時価会計とＩＦＲＳの問題点と、わが国が取るべき対応などに関しては、これまで次のような本で詳しく検討していますので参照していただければ幸いです。

『ＩＦＲＳはこうなる―「連単分離」と「任意適用」へ』東洋経済新報社、２０１２年。

『複眼思考の会計学―国際会計基準は誰のものか』税務経理協会、２０１１年。

『国際会計基準はどこへ行くのか―足踏みする米国、不協和音の欧州、先走る日本』時事通信社、２０１０年。

『不思議の国の会計学―アメリカと日本』税務経理協会、２００４年。

『時価会計不況』（新潮新書）新潮社、２００３年。

『時価主義を考える（第3版）』中央経済社、２００２年。

本書の出版にあたりまして、講演録の転載をお許しくださった各機関・団体と、税務経理協会・大坪嘉春社長、大坪克行常務にいろいろご無理を聞いていただきました。また、編集や校正で同社第一編集部の日野西資延さんにお世話になりました。記して感謝申し上げます。

田中　弘

２０１２年9月10日

目　次

第1講　デフレ不況の原因「時価会計」を全面凍結せよ！（経済倶楽部　2003年7月18日）　21

第3講　国際会計基準（IFRS）と日本の国際会計戦略（経済産業省　2009年3月9日） 163

第4講　白紙に戻った国際会計基準（ＩＦＲＳ）論争
――「自己目的化した国際化」への反省
（富丘経済研究会　２０１１年６月20日）

第5講　IFRS――見えてきた着地点
――「連単分離」と「任意適用」――
（TKC　IFRSフォーラム2012
2012年2月20日　六本木アカデミーヒルズ）

プロローグ——逆転し始めたＩＦＲＳ

この講演録を取りまとめたのは２０１２年の春でした。ところが、その前後に、アメリカからも日本からも、ＩＦＲＳ適用の是非をめぐって極めて重要な文書が公表されました。

これらの文書からは「ＩＦＲＳありき」「ＩＦＲＳは世界の標準」といった流れとは大きく異なった、どちらかと言えば、これまでのＩＦＲＳの流れが逆転するかのような動きが表面化してきたのです。

そこで、以下の講演録に先だって、最近のアメリカと日本の動向を簡単に紹介しておいたほうが読者の皆様にとって「ＩＦＲＳの現状」を理解するのに役に立つと思いますので、最初に、この1年か1年半の間に起こったＩＦＲＳを巡る日本とアメリカの動向を紹介します。

企業会計審議会中間報告の「連結先行」論

平成21（２００９）年6月に金融庁企業会計審議会から「我が国における国際会計基準の取扱いについて」と題する中間報告が出され、ＩＦＲＳの受け入れに関しては、コンバージェンスを加速化するにあたって「連結先行」（その後、金融庁はこれをダイナミック・アプローチと命名しています）で対応する考えが示されました。

ダイナミック・アプローチとは、連結財務諸表の会計と個別財務諸表の会計との間の整合性が失われない範囲で前者の会計が後者の会計に先行して改訂されていくという考え方を言うとされています。

この中間報告では「今後のコンバージェンスを確実にするための実務上の工夫として、連結財務諸表と個別財務諸表の関係を少し緩め、連結財務諸表に係る会計基準については、情報提供機能の強化及び国際的な比較可能性の向上の観点から、我が国固有の商慣行や伝統的な会計実務に関連の深い個別財務諸表に先行して機動的に改訂する考え方（いわゆる「連結先行」の考え方）で対応していくことが考えられる。」と述べられています。

「連単一致」は世界の非常識

この「連結先行」論は、あたかも世界の常識かのようにわが国の実務界に流布した観がありますが、実は、とんでもないほどの誤解があったのではないかと思われます。

「連結先行論」は、「個別財務諸表あっての連結財務諸表」「個別財務諸表をＩＦＲＳで作成しなければＩＦＲＳによる連結財務諸表はつくれない」という理解がまさしく先行していたようです。連結も単体もＩＦＲＳで対応しているのはイタリアなどの少数の国だけであり、ほとんどの国は連結にＩＦＲＳを適用していても個別財務諸表（単体とも言います）には自国の会計基準を適用しているのです。

わが国の連結先行論は、「連結財務諸表は個別財務諸表を積み上げないと作成できない」といった先入観に囚われているのではないでしょうか。わが国の企業でもニューヨーク市場に上場してきた企業は、これまで個別財務諸表は日本の会計基準で作成し、連結財務諸表はアメリカの基準で作成してきました。それは、わが国において連結財務諸表制度が導入された当初（１９７７年）からの実務であり、これまでに、こうした「連単分離」が投資家の判断を誤らせたといったことは聞いたことがありません。

経済産業省企業財務委員会の報告書

そうした先入観に基づく中間報告がその後のわが国におけるＩＦＲＳ論議を支配して、日本の上場企業は、間もなく、連結財務諸表も個別財務諸表もＩＦＲＳが「強制適用」されるという空気が支配してきました。

そうした重苦しい空気をつくりだしたのは、わが国の情報企業・コンサル企業そして監査法人であったことは否定できません。いずれも、日本の産業界のこととか国益などといった話ではなく、ＩＦＲＳでひと稼ぎ、いえ大儲けしようとした話だと言われています。その証拠に、ＩＦＲＳを売り込んだコンサル会社も情報処理会社も、どこも自社の財務報告にはＩＦＲＳを採用しようともしないのです。自分で勧奨するＩＦＲＳなら、まずは自社が採用するのが道理だと思うのです。

声高にＩＦＲＳを推奨する情報処理会社・監査法人・コンサル会社の意見が、金融庁や経団連には「日本の経済界の統一的意見」と聞こえたのでしょうか。こうした人たちの声を受けて、企業会計審議会が公表したのが、上の中間報告でした。

この中間報告は、金融庁という証券市場の番人（上場会社が作成する財務諸表もモニタリングの対象となる）が作成したということもありまして、その後の日本では「連結先行」と「上場企業への強制適用」が既定のことのように論じられてきたように思われます。

そんな雰囲気の中、経済産業省の経済産業政策局企業行動課を事務局として、わが国主要企業の財務担当役員（ＣＦＯ）等をメンバーとして設置された企業財務委員会（委員長・佐藤行弘三菱電機常任顧問）が、平成22（２０１０）年4月に、「会計基準の国際的調和を踏まえた我が国経済および企業の持続的な成長に向けた会計・開示制度のあり方について」と題する「中間報告書」を公表しました。

ここで表明された意見は、わが国の産業界、とりわけ「ものづくり」の産業界を代表する意見と言ってよく、「技術立国」「ものづくり」を標榜するわが国にとって適切な会計とはどうあるべきかを示しています。

この中間報告書（企業会計審議会の「中間報告」と混同しないように、以下では「企業財務委員会報告書」と呼ぶことにします）は、連単問題について、次のような問題を提起しました。

「我が国固有の商慣習や伝統的な会計実務に関連の深い単体に適用される会計基準について『なぜ単体を連結に合わせないか』ということではなく、『なぜ（国内制度に係る）単体基準を（国際ルールに係る）連結基準に合わせるのか』という視点において、『連結先行』の本来の意義を明確化する必要がある。」

「単体にどこまでＩＦＲＳを取り込むかについては、会社法や税法との関係や日本的経営の有り様等、国家戦略として国内体制がどのようにあるべきかという観点から、幅広い利害関係者が一体となった枠組みの下で総合的に検討された上で結論づけられるべきである。」

こうした認識のもと、企業財務委員会報告書では、「国際的な要請として、コンバージェンスについては連結のみが対象となっていること、ＩＡＳＢの作業計画に整合する形で加速的な検討が求められていることを前提とした上で、単体についてのコンバージェンスの議論と連結の議論をいったん分離する、手続き的な意味においての『連単分離』を確立することが必要ではないか」と提言しました。

言葉の上では「手続き的な意味においての」という限定を設けていますが、これはきっと「連結先行（連結にも単体にもＩＦＲＳを強制適用）」を打ち出した金融庁に対して大人の気配りをしたのだと思います。本心は、手続き的な話だけではなく、ＩＦＲＳを単体（個別財務諸表）には適用しないという「連単分離」を主張したのだと思います。

企業会計審議会が「連結先行」を打ち出したのに対して、これほど明確に「連単分離」を表明したのですから、その波紋は大きいものがありました。しかし、ＩＦＲＳ問題を審議している企業会計審議会では、企業財務委員会報告書について簡単な紹介があっただけで、この報告書の内容を議論することはありませんでした。

その後、わが国では、企業会計審議会が「中間報告」で打ち出した「連結先行（連結と個別の両方にＩＦＲＳを適用）」と「全上場会社に強制適用」というシナリオに沿って、大慌てでＩＦＲＳ導入の準備を進めてきました。

これは大変困難な作業の連続であったようです。各企業の経理部門のスタッフを増やし、会計ソフトや契約ソフト、資産管理ソフトなどのつくり直し、海外支店・子会社・関連会社の会計規定の見直し、IFRSを強制適用された場合の影響の測定・・・どうしたらいいのかわからないことだらけなのに、相談する相手がいないのです。

もともとIFRSの中身がよくわからずにIFRSへの対応をしようとするのですから、各企業だけではなく監査法人も大変であったと思います。監査法人は盛んにIFRSに関するセミナーを開いていますが、そのセミナーで講師を務めた友人たちからは、「セミナー会場で質問されるのが怖い」「セミナーで話をすると、自分が何もわかっていないことだらけということに愕然とする」「IFRSのセミナー講師はやりたくない」というぼやきを聞かされます。正直に言いますと、IFRSを批判する本を何冊も書いている私でも、どのように解釈していいのかわからない基準がいっぱいあります。わたしではとても「IFRS解説セミナー」の講師は務まりません。

自見庄三郎金融大臣の「政治的決断」

日本だけではなく、きっと世界中が「ＩＦＲＳって何ものか」「ＩＦＲＳはどの企業に適用するのか」「ＩＦＲＳを適用しないとどんなペナルティがあるのか」「ＩＦＲＳは、ものづくりの企業には向かないのではないか」という疑問と猜疑心に答えを見いだせないで困惑してしまったのではないでしょうか。

そうした大混乱の中、日本では、平成23（２０１１）年春に、日本の財界が「宛先のない要望書」を書きました。内容は、そのときの経団連にも逆らい金融庁にも逆らうような、財界の「血判状」でした。これを読んだ、当時の金融・郵政改革担当自見庄三郎国務大臣が、「政治的決断」として、これまでのＩＦＲＳ論議は「国際化が自己目的化」した面があるとして、これまでの議論を白紙に戻して「真の国益を見据えた、成熟した議論」を開始することを求めたのです。

「連単分離」と「任意適用の継続」

これまでの日本の議論では、全上場会社に「強制適用」するという予定でした。しかしヨーロッパではそんなことはしていません。ヨーロッパでは、強制適用される市場（規制市場）と自国基準でいく市場（非規制市場）と２つに分けて、会社は出入り自由になっています。自分の会社が国際基準でいこうと思ったら、国際基準のマーケットで上場すればいいし、不都合が出てきたら市場を変えることができます。

２つの市場は出入り自由になっていて、規制市場に行ったときだけ強制適用されるというのが、ヨーロッパで言う「強制適用」です。これは「強制適用」ではなくて、事実上は「任意適用」です。

現在、日本ではＩＦＲＳを使いたい会社はＩＦＲＳを適用することができるようになっています。現在は、５社しか適用していませんが、「任意適用」の準備をしていることを明らかにしている会社がほかに80社ぐらいあります。２〜３年すると２００社ぐらいになるのではないかと思われます。それで十分、日本は国際会計基準を採用している国になるはずです。

※　2012年8月現在、IFRSを早期適用している日本企業は、日本電波工業、HOYA、日本板硝子、住友商事、日本たばこ産業の5社であり、2013年3月期からの早期適用を予定している企業はSBIホールディングスとアンリツの2社である（東京証券取引所のHPによる）。

企業会計審議会の「中間的論点整理」

もうひとつは、わが国では、個別財務諸表と連結財務諸表の両方にIFRSを適用する予定でしたが、企業会計審議会や財界の議論を見ていますと、個別財務諸表に国際基準を適用するという話はほぼ消えてなくなりました。連結だけにしようではないかというのが大体の雰囲気となってきたと思われます。

次の議論は、IFRSを連結だけに適用するとしたらどこの会社に適用するかという話ですが、これは線引きが難しい。例えば外国人の持ち株比率が何%以上とか、資本金がどれだけ以上などという区別をしたら、もしかしたら会社によっては資本金を減らすかもしれません。外国人の持ち株比率を下げるために、日本のほかの会社に持ち合ってもらうかもしれない。上場をやめる会社が出てきてもおかしくはないでしょう。そういう無理なことをする必要がないのは、「ＩＦＲＳを使いたいところだけが使う」ということではないでしょうか。

企業会計審議会は、１年間にわたる議論の論点を整理して、平成24（２０１２）年７月２日付で「国際会計基準（ＩＦＲＳ）への対応のあり方についてのこれまでの議論（中間的論点整理）」を公表しました。そこでは、「連単分離（ＩＦＲＳは連結財務諸表にのみ適用する）」を前提に「任意適用（使いたい企業だけが適用する）」の積み上げを図ることを確認しています。

ＳＥＣの最終スタッフ報告書とオバマ政権の思惑

アメリカの最近の動向を紹介します。

今のアメリカは製造業の復活と輸出増強による雇用拡大ができなければ、「99％の反乱」が実現してしまう可能性があります。今のアメリカでは「ＩＦＲＳどころの騒ぎではない」ということもあるでしょうが、「ＩＦＲＳではアメリカ企業の経営実態を把握できない」「ＩＦＲＳでは、ウォール街は潤っても、雇用の拡大にはつながらない」ということがわかるにつれて、ＩＦＲＳ

の採用を避ける方向に動いているようです。

2012年7月13日には、アメリカ証券取引委員会（SEC）のスタッフが、2010年2月に公表したワークプランについての最終報告書「アメリカの発行企業の財務報告制度へIFRSを組み込むことを検討するためのワークプラン―最終スタッフ報告書」を公表しました。

SECスタッフによる初期の調査で、アメリカの資本市場における大多数の参加者がIFRSをそのままUS―GAAPとして指定することを支持していないこと、アメリカの投資家はIFRSの早期適用（任意適用）を認めるべきではないという見解で一致していることが明らかになり、そこでIFRSをアメリカの財務報告制度にどのように組み込むかに関して、コンバージェンスを継続する案、エンドースメント（承認）方式、さらにはコンバージェンスとエンドースメントを組み合わせたコンドースメント方式などが検討されてきました。

しかし、最終報告書でも、IFRSをアメリカの財務報告制度に組み込むべきかどうか、仮に組み込むとすればどういう方法がいいかといった、世界中が注目している事柄についてはまったく言及せず、適用の判断を先送りしているのです。最終報告書と言いながら何らの言及も示唆もないとすれば、おそらく2012年内に何らかの提案が行われることはないであろうと思われます。

日本経済新聞社ニューヨーク支局の川上穣氏は、「米企業にはもともとIFRS導入に伴うシステム変更など、費用増への警戒感が強い。オバマ政権も11月の大統領選挙を控え、賛否が割れる会計基準を巡る判断は先送りした方が賢明と考えた可能性がある。」（日本経済新聞、12年7月18日）とレポートしています。

IFRSで展開されている利益（包括利益）も資産概念（フェア・バリューで評価される）も、「企業売買を目指す投機家」「ウォール街の住人」からは歓迎されても、世界中の経営者・中長期の投資家・労働者などからは受け入れられないのではないでしょうか。

リーマン・ショックを震源地とする世界規模の大不況は、アメリカ金融界（ウォール街）が瞬間的儲けを手に入れようとして時価会計を悪用した結果でした。そして今また、イギリスの金融界（シティ）が情報操作だけで荒稼ぎしようとしてLIBOR（ロンドン銀行間取引金利）不正に暴走しています。IFRSが国際的な統一会計基準になれば、結局は、英米の金融業界の「金づくり」に利用されるだけなのです。

「企業会計原則のスピリッツ」に戻る

「金づくり」の会計（ＩＦＲＳ）は、「ものづくり」の会計に適さないのです。それどころか、ものづくりの企業・国（日本をはじめアジア諸国やヨーロッパの国々）にとっては、「金づくり」に狂奔する英米の金融界のためのＩＦＲＳを押し付けられて、「わが社の身売り価格」を計算させられるのは許しがたいことであろうと思います。

わが国の経済界を代表する企業群が、日本経済の崩壊、その結果としての雇用破壊が起こることを恐れて、宛先の書かれていない「要望」（「我が国のＩＦＲＳ対応に関する要望」平成23（２０１１）年5月25日）を発表したとき、当時の自見庄三郎金融担当大臣がアクションを起こさなかったら、「要望」という連判状に名を連ねた人たちは討ち死にしたかもしれないのです。

幸いにして、その後の日本の議論は、ほぼ「要望」に書かれたストーリーのとおりに進んでいると言ってよいと思います。

つまり、「連結先行」ではなく「連単分離」で、「全上場会社に強制適用」ではなく、ＩＦＲＳの「任意適用」を継続・発展するというストーリーです。このストーリーは、世界の主要国が採用してきたものであり、きっとアメリカも採用すると思われます。

では、そうなったときに、世界の会計は、日本の会計はどうあるべきか、何を目指すべきか、非常に重要なテーマが待っています。私はことあるごとに「企業会計原則のスピリッツ」に戻ることを提案してきました。「企業会計原則に戻る」のではなく「企業会計原則のスピリッツに戻る」のです。

企業会計原則のスピリッツは、日本固有のものではありません。もともと企業会計原則はアメリカの会計観を輸入して作文されたものですから、そのスピリッツもアメリカ生まれ・アメリカ育ちです。アメリカの会計も、日本に輸出した会計観を改めて学んでもよいのではないでしょうか。

「企業会計原則のスピリッツに戻る」「日本の会計の目指すべきところ」については、次に書きました。参考にしていただければ幸いです。

・『ＩＦＲＳはこうなる―「連単分離」と「任意適用」へ』東洋経済新報社、２０１２年
・「日本はいかなる会計を目指すべきか⑴―経営者の実感と社会通念に合った会計観を―」『税経通信』（税務経理協会）２０１２年３月号
・「日本はいかなる会計を目指すべきか⑵―ＩＦＲＳを超えて―物づくりに適した日本の会計を―」『税経通信』（税務経理協会）２０１２年４月号
・『国際会計基準はどこへ行くのか―足踏みする米国、不協和音の欧州、先走る日本』時事通信社、２０１０年

以上が講演録をお読みいただく読者の皆様への予備的な話です。ちょっと細かい話や政治的な話がありましたが、以下の講演録をお読みいただくときの参考にしていただければ幸いです。

第1講　デフレ不況の原因「時価会計」を全面凍結せよ！

（経済倶楽部　2003年7月18日）

「経済倶楽部」は、1931（昭和6）年に創設された社団法人で、東洋経済新報社の外郭団体である。毎週、わが国を代表する著名な政治家、エコノミスト、大学教授、ジャーナリストなどを講師に招いて講演会を開催している。昨年80周年を迎え、間もなく4000回を数える長寿ソサエティである。現在、同社の社長・会長を務められた浅野純次氏が理事長を務めている。

経済倶楽部高柳理事長　それでは開会いたします。（拍手）

今日は神奈川大学の田中弘先生をお迎えしました。実はごく最近、新潮社から『時価会計不況』という新書を出されたんです。書店でご覧になればよくわかりますが、養老先生の『ばかの壁』と並んでベストセラーになり、早くも4刷りなんですね。キャッチフレーズは「時価会計は国を滅ぼす」で、日本の今の不況は、時価会計のせいだということを非常に強く言っておられます。当然ですが、会計学界でも大変、話題になっております。学界の異端児とまで言うと言いすぎですが、風雲児かもしれません。ともあれ、ただいま話題の中心人物であります。

田中先生は早稲田大学を出られて、神奈川大学で11年ほど教鞭をとられています。会計に対する専門著書も大変多い方でいらっしゃいます。それでは、よろしくお願いいたします。（拍手）

不況の原因は時価会計

ご紹介いただきました神奈川大学の田中です。最近は「神奈川大学の田中です」と言うよりも、『時価会計不況』を書いた田中です」と言った方が、通りがよくなりました（笑）。

ご紹介いただきましたように、おかげさまで、これまでに5万冊ほど売れました。印税の計算はしないでください（笑）。お買いになっていない方がもしいらっしゃいましたら、時代に乗りおくれないように、入口のところでサイン入りの本を置いてありますので、どうぞご一読いただければと思います（笑）。

今日のお話、皆さんに「時価会計を全面凍結せよ！」というタイトルでご案内申し上げたんですが、経済倶楽部からここでお話しするようにというお話をいただいたとき、実はまだこの本は出ていなかったんです。読売新聞の（２００３年）４月３日付けのインタビュー記事「時価会計経済再生へ全面凍結を」が載ってすぐ、私に話をするようにと言ってきていただいたんです。その後、この本を書いたおかげで、実は私みたいな者も引っ張りだこになりまして、学界の異端児がだんだん真ん中に近寄ってきたんです（笑）。

きのうも全国の商工会議所の会頭、副会頭の方々が１６０人ほど集まりまして、この話をするようにと言われて、皆さんもおいでになったことがあると思うんですが、東商のホールで話してきました。

世界の動きを知らない日本

今日の話の全体像を簡単にお話しします。私達は日本にいると、どういうわけか、世界の情報が、必ずと言っていいぐらいアメリカ経由で入ってきます。イラクのあれだけの大きな事件であっても、たぶんほとんどの方はヨーロッパからの情報は入ってこないのではないかと思うんです。全部アメリカのニュースを私達は見ている。つまり常にアメリカのフィルターを通して見ているわけです。いい情報も悪い情報もほとんどそうですが、アメリカを経由したものを、「ああ、そうか。イギリスはこうしているのか。フランスはこうしているのか」と知らされます。直接入ってきている情報ではないんですね。全部アメリカのフィルターを通して入ってくるのです。

このことは、海外で生活するとよくわかります。私も20年ほど前と7年前に、2度ほど、通算で2年間、イギリスにいました。2度ともロンドン大学に行きました。最初のときは、テニスの世界大会が開かれるウインブルドンのセンター・コートのすぐ隣にあるフラット（日本でいうアパート）に住みました。毎年、6月の最後の週と7月の最初の週に、テニスの大会が開かれます。

毎日、夜中に並んで当日券を手にしてセンター・コートの試合を半分眠りながら観戦したことが懐かしい思い出です。２度目のときは、センター・コートからは少し離れていましたが、ワープル・ロードという、ウインブルドン駅に近いところに住みました。しばらくしてから知ったのですが、２度目のフラットのすぐ前にある広場が、なんと、最初のウインブルドン・テニス大会のセンター・コートだったと言うのです。

イギリスから発信される世界の情報

すいません、そんな話をしたいのではありません（笑）。その２度のイギリス滞在中に見聞きしたことをお話しします。イギリスにいて、実に感心したのは、国営放送であるＢＢＣのニュースを見ていますと、１時間かそこらのニュースの中で、世界中の動きを実にまんべんなく伝えているのです。日本の動向や事件も、日本にいるのと同じくらいの話として報道されるのです。

今でも目に焼き付いているのは、１９８５年の「スキー・バス事件」です。その日の夕方にＢＢＣのニュースを見ていたら、トップ・ニュースとして、川に落ちたバスがクレーンで引き揚げられているシーンが大写しになりました。私は当時勤務していた大学で、冬になると学生を連れて、バスでスキーに出かけていましたから、ＢＢＣのニュースが流れた途端、家内に「これって、三重交通じゃないの？」と叫びました。冬のスキー合宿はたいてい三重交通というバス会社を使っていて、クレーンで引き揚げられているバスが似ていたのです。残念ながら、そのとおりでした。

そんな大きな事故は世界中で報道されても当たり前かもしれませんが、もう少し遅い時間には、なんと、ドリフターズの「エリマキトカゲ」の映像や（笑）、とても似合いそうもないブランド品を買いあさる不思議な日本人や、膝上20センチのスカートのままヨーロッパ旅行をする高校生……これを紹介したアナウンサーは「子供のストリップ」と言ってましたが（笑）。

イギリスにいますと、丸裸の日本が見えるのです。それは日本だけではなく、中国のこともインドのことも、世界中の現在を教えてくれるのです。それが日本にいますと、テレビで放映される世界のニュースは、ほとんどアメリカのテレビ局のフィルターを通しているのですね。

日本のニュースには、もう一つフィルターがあるんです。新聞社のフィルターです。新聞社のフィルターを通して「ああ、こんな情報はいらない」とか、「この情報はもっと拡大しろ」とか、加工された情報を私達はどうも受け取っているのではないかと思うんです。その新聞社も独自のフィルターを持っているのであればまだましなのですが、アメリカのフィルターを通ったものしか報道しないという気がするのです。

シラク大統領の「時価会計批判」

その典型がこの時価会計ではないでしょうか。たぶんここにいらっしゃる皆さんのほとんどの方は、「時価会計はグローバル・スタンダードである」「国際標準である」「どこの国でも使っている」「国際会計基準は世界中が使っている」――とお考えになっていませんか。

違います。時価会計の基準を使っているのは日本だけです。ほかの国は、どこも使っていません。

きのうの日経新聞をお読みになりましたでしょうか。本当に小さな扱いだったんですが、すごいなと思ったのは、フランスのシラク大統領が「時価会計をやめろ」という手紙を書いて、結局、ヨーロッパでは時価会計はとりあえずペンディングになったという話です。すごいですね、大統領が会計学の勉強をしている国です（笑）。全面的にやめるかどうかは、まだわかりません。時価会計の基準は、使えない基準だとして適用除外してしまったんです。

それが実はその1カ月前に、このことがヨーロッパでは報道されていたんですけれども、日本では全然報道されていないんです。日本では、「ほら、いずれヨーロッパはもうすぐEU圏が全部、国際会計基準を導入するんだ。もうすぐ国際会計基準を導入するときに、時価会計も導入するんだ。だから、日本は、ＥＵが時価会計の基準を公表する前に、日本の時価会計基準をつくって公表してしまおう。そうすれば、日本は世界の流れから遅れずに、むしろその先を行くことになる」とばかり、アメリカの時価基準にもＥＵの時価基準にもそっくりな基準を駆け足で作文したのです。

皆さんは、「日本は世界の先を行っているんだ」という議論をずっと聞いてきたと思うんですが、実はそんなことはありません。時価会計の基準を使っているのは、いまだに日本だけです。ただ、時価会計の基準はアメリカにもあります。後ほどお話ししますが、アメリカでは時価会計の基準はありますけれども、適用する対象がほとんどありません※。

今日は、こうしたことをいくつかお話ししたいと思います。私達はどうも「情報鎖国」の国にいるのではないかなという気がするのです。どこかの、誰かのフィルターでカバーされていて、本当に聞きたいことが全然入ってこない。私達市民にとって都合の悪い情報は全然入ってこなくて、誰かにとって都合のいい情報だけが入ってきている。誰にとって都合がいいかは申し上げませんが、私達は今、そういう国にいるのではないかな、という気がするんです。

※　その後、時価会計の基準は、アメリカの基準をコピーする形で国際会計基準（ＩＡＳ第39号）に取り込まれた。時価基準をウォール街が悪用してリーマン・ブラザーズの破綻と世界規模での経済危機を招いたことへの反省から新しい時価会計基準（ＩＦＲＳ第９号）を設定したが、その適用をＥＵが拒否する事態に陥っている。

橋本元総理の「金融ビッグバン」と「会計改革」

この時価会計の話をするのには、最初に橋本元総理を引っぱり出さなければいけないんです。亡霊が出てきたと思わないでください（笑）。そんなに昔ではありませんけれども、橋本さんが「金融ビッグバン」という話を日本で話し始めたとき、ご記憶ありますでしょうか。あのとき、橋本さんは二つのキーワードをいつも使っていたんです。

一つは「規制緩和」、もう一つは「自己責任」。何回も何回も言っていたんですが、何で規制緩和しなければいけないのかというのは、あまりはっきり言いませんでした。

あれは簡単です。アメリカから圧力がかかったんです。「アメリカから」というのは「外国から」と言った方がいいかもしれないんですが、外国の資本が日本に入ってくるには、日本の規制がきつ過ぎて入ってこられない。

典型的な例を一つだけ申し上げます。日本ではかつて大蔵行政のもとで、生命保険会社と損害保険会社が共存できるようにという政策から、「生命保険会社は損害保険を売ってはいけない」、「損害保険会社は生命保険を売ってはいけない」ということになっていました。生保は生保、損保は損保で、真ん中にきれいな壁があったのです。お互いにテリトリーを守ることによって、共存共栄を図ろうということです。生保の商品は30年とか40年もの長い期間を補償期間としていますし、死亡補償の場合は死亡の確率がほぼ確実に予想できます。これに対して、損害保険はほとんどが1年以内の短期の契約で、海難事故とか宇宙ロケットの発射事故などが発生するのは確率的に予測するのは困難ですし、しかもその事故が発生したら、生命保険とは違って、1件だけでも、とてつもなく巨額になります。

わが国では、生保と損保は、全く違ったリスクに対応しているということから、それぞれのリスクに応じて生保会社と損保会社との間に壁をつくってきたのです。

ところが、日本の保険会社は生保会社と損保会社が別々ですけれども、ヨーロッパとかアメリカの保険会社は、生保と損保を一緒にやっている会社がいっぱいあります。その保険会社が日本に入ってこようとすると、高い壁があって入ってこられない。「おたくは生保も損保もやっているでしょう。だから、だめです」ということで、入れない。「参入障壁」と呼ばれていました。そのために「壁を下げろ。壁を取っ払え」ということで規制を緩和するように言われたんです。

皆さん、ご存じのように、今、日生同和火災（現・あいおいニッセイ同和損害保険）とか、生保会社が損保会社を一緒に経営したり、逆に、東京海上日動あんしん生命保険のように、損保会社が生保会社を経営するケースもあります。ただし、日本では子会社方式と言って、親会社が生保会社なら、子会社でしか損保の商品は扱えないということでリスク遮断をしてあるんです。これでやっと外資が入ってこられるようになった。これが規制緩和です。

犬にかまれた人の自己責任

もう一つの、橋本さんが言った「自己責任」とは何だったでしょうか。規制を緩和されたのは、多くの場合、金融機関です。ですから、「金利は自由化しますよ。どうぞ自分で適切だと思われる金利を設定してください。保険会社は保険商品を自由に開発してください」——これが規制緩和ですが、普通、自己責任というと、その人たちに、「あなた方は自由に金利を設定したり保険商品を設計していいけれども、ちゃんと金利を払わなければいけないんですよ、保険金や給付金をちゃんと払うんですよ。自己責任をちゃんとやってくださいよ」というのが普通ですが、橋本さんが言ったのは違うんです。

規制を緩和したのは企業サイド——銀行、保険会社、証券会社、事業会社です。一方、自己責任を求めたのは、個人の契約者、消費者、預金者です。どういうことだか、何か問題があるのか、にわかにはわからないかもしれません。

私はそのことをよくこういう例を使って説明しています。私達は、都会で犬を散歩させるときは、リースというんですか、ひもをつけて散歩しなければいけないですね。これが規制です。

「もう、犬にはリースはつけなくてもいい。リースをつけないで、自由に散歩させて構わないですよ」――これが規制緩和です。

一方、自己責任を誰に求めたのかというと、その飼い主に言ったのではないんです。飼い主に「ほえさせないように」とか「かませないように」と言ったのではなくて、歩行者に、「いいですか。犬が自由に散歩していますから、ほえられたらあなたが悪いんですよ。かまれたらあなたの責任ですよ。自己責任ですから」（笑）というのが、橋本さんの言った規制緩和と自己責任です。

全く違う人に言ったんです。こんな話が成り立つと思いますか。皆さんだったらどうでしょう。私が猛犬を飼っていて、今まではひもで縛っていたけれども、「規制緩和だ。よし、好きなところへ行け」と放してもいいことにするんです。誰をかむかわからない状態にしておいて、それで、歩いている人たちに、「近寄ってかまれたら、あなたの責任だよ」と言うのです。そんなのは成り立たない話だと思うんです。

規制緩和と会計規制の強化

ただ、私が橋本さんの頭の中を勝手に想像すると、こんな図が描かれていたのかなと思うんです。何かと申し上げますと、あのときに橋本さんが盛んにその規制緩和と自己責任、二つのことを言いながら、片一方で何をやっていたかというと、「日本の経営は遅れている。特に日本の会計基準は遅れている」ということを言って、会計基準を強化したんです。規制を緩和すると言いながら、会計規制だけは強化をしたんです。

ご存じのように、２０００年から連結財務諸表が証取法上の主たる財務諸表になって、時価会計が入ってきて、退職給付の基準が強化されて、ほかにもいろいろ新しい基準が出てきたんです。なぜ規制緩和の時代に会計だけが強化されたかというのが、いわばヒントです。

橋本さんの頭の中には、規制は緩和するけれども、緩和された銀行なり、保険会社なり、事業会社は、「徹底して情報を開示しなさい」ということがイメージとしてあったのではないかと思えるのです。例えば「クレーム情報を隠してはいけませんよ」とか、「自分のところの含み損益の状態を、ちゃんと全部公開しなければだめですよ」という意味での情報公開を徹底させて、その情報が徹底して公開されることによって、契約者なり投資家がいくつもの銀行の情報を並べてみて、どの銀行がいいのか、あるいは保険商品を全部並べてみて、保険会社の情報を見て、それで、私ならここの銀行にする、この保険会社にすると決める。情報がフルに、つまり隠し事なく、タイムリーに公開されている限りは、契約者なり預金者は適切な判断ができるだろうと考えたのではないでしょうか。

犬の話ですと、放し飼いを認めるけれど、歩行者がリスクを判断できるように、狂犬病の注射は済んでいる犬には赤い首輪をつけるとか、よくかみつく犬には「かみつき犬」のマークをつけるとか、歩行者が、ちゃんと判断するに必要な十分な情報を与えて、その上で歩行者が自分で判断をした以上は、「だったら、それはあなたの責任ですよ」と言えるだろうという話です。ですから、規制緩和、自己責任と言いながら、片方で会計の規制だけ思い切り強化したんです。橋本さんも、アメリカに言われて金融ビッグバンを忠実に実行しているだけですから、橋本さんがこうした図を頭の中で描いていたかどうかわかりませんが（笑）。私が勝手に、いや善意に考えた橋本さんの頭の中です。

金融ビッグバンと会計改革の接着剤

そこで、橋本さんがそう考えたことにして話を進めることにしますが、消費者や契約者に自己責任を問えるような経済社会になるかどうかは、会計改革が金融ビッグバンを結ぶ接着剤としてちゃんと機能するかどうか、ここにポイントがあると思うんです。ポイントは三つあります。第1は、新しい基準――連結、退職給付、時価会計、これらの基準が果たして日本の企業のありのままの姿を映し出すか、です。もし実態を表さないんだったら、個々の契約者なり預金者に自己責任を問うような世界はできません。要するに企業側が出す情報が不完全だとか、あるいは間違っているとか、企業の実態を表していないとすると、投資家は判断を間違う可能性が高くなりますから、そうなると、投資家なり契約者なりに自己責任を問えるような環境はできないと思うんです。

第2は、そういう基準ができたときに、経営者は、「ああ、これはビッグバンだ。新しい基準を守らなくてはいけないな」と、新基準を順守するように意識改革ができるかどうかだと思うんです。

第3は、会計士あるいは監査法人が新しい制度のもとでの会計報告の妥当性を担保できるかどうかということです。

「ビジネス・リスクは不問にする」という不文律

この第3点だけ先に簡単に申し上げますと、日本はこれまで約50年以上の監査の歴史を持っているんですが、会計士業界、監査法人の世界では「暗黙の了解」というか「不文律」が一つあったんです。

何かと言いますと、「ビジネス・リスク、いわゆる倒産のリスクについては語らない」「この会社は危ないなと思っても、判こをちゃんと押す」という暗黙の了解があったんです。つい最近までその了解事項がずっと——暗黙の了解ですから、どこに書いてあるかと言われても言えませんけど(笑)、暗黙の了解で、どの会社についても、危ないなと思われても、一応合格印を押してきたんです。

なぜかと言いますと、今、自分が判こを押さなければ間違いなくその会社は破綻するんです。自分の監査しているこの会社が危ないというようなことをちょっとでも書くと、株価は暴落しますし、取引先は売掛金の回収を早めたり次の商品を売ってくれなくなったり、銀行は貸付金の返済を迫ってくるでしょう。間違いなくその会社は破綻します。

そういう重大なことが、果たして会計士の、あるいは監査法人の立場で、できるかどうかというのが、実はなかなか踏ん切りがつかなくて、日本の場合、特に裁判にかからないという事情もあって、長い間、ビジネス・リスクについては目をつぶるというのが慣行とされてきました。

私はしばしば会計士の先生方に苦言を呈したんです。「本当は不合格なんだけれども…と言って、合格印を押したら、投資家は全部合格印しか見せられていませんから、投資家は、結局、最後に騙されることにならないか？」と。会計士の先生方は「いや、もし不合格の判こを押したら、大変だ。まず会社は潰れる。系列会社も全部だめになる。従業員は経済的に破綻してしまう。取引先も破綻してしまう」と言うのです。

影響はその会社の株主だけにとどまらないのですね。取引先も従業員の家族も、路頭に迷うことになります。影響は延々と広がって、小さな会社だったはずが20万人にも30万人にも影響を及ぼすでしょう。ですから、会計士は、この会社にはぜひとも立ち直ってもらいたいと考えるのです。

会計士はここで悩むと思うのです。もしもこの会社に新しい資金の提供者が現れて、過去の赤字をきれいに清算してくれれば、あるいは、次期に入って経済が上向くとか新しい商品がヒットでもすれば、倒産といった非常事態を回避できる……はずです。資金の手当てさえつけば倒産という悲劇を避けられるときに、倒産のリスクが高いことを監査報告書に書いて、何万人、何十万人もの関係者を「地獄に落とす」ことが正しいことなのだろうか、会計士の悩むところです。そんな影響の大きなことを、会計士だけで判断してもいいのだろうか、と悩むのです。

そうなったら会計士だけの判断では不合格の判こを押せないという議論になってしまって、日本ではビジネス・リスクには目をつぶるという暗黙の了解でずっと来たんです。すいませんが、皆さんの会社も「それなら安心だ！」などと思わないでください（笑）。

これからも同じだったら、新しい会計制度をつくっても、ちっとも投資家、契約者、預金者は保護されないと思います。つまり、その人たちに自己責任を問える世界はつくれないと思うんです。

以上の3点です。今日はそのうちの第1点の、果たして新しい基準は、日本の産業界あるいは企業のありのままの姿を映し出すか――このことだけをとりあえず問題にしたいと思うんです。

会計基準の素性――100％アメリカのまね

日本に新しく入ってきた会計基準の素性をお話ししますと、100％と言っていいんですが、ほとんどがアメリカの基準をまねたものです。アメリカの基準は世界で一番進んでいます、アメリカの基準は世界で一番厳しいです。

でも、ちょっと考えていただきたいんです。なぜそんなに進んでいるんでしょうか。なぜそんなに厳しいんでしょうか。簡単です。それだけアメリカは会計不正が多いからです（笑）。事故が多いからです。特におカネにからむ事件は、すべてアメリカが発祥です。そのぐらい彼らは頭がいいのかもしれないです（笑）。新しい金融商品をつくるのもアメリカです、その金融商品をうまく使って、日本からカネを吸い上げているのも彼らです。もうありとあらゆる手を使って、世界中のカネを巻き上げるだけの頭脳がありますから、それだけのテクニックと頭脳を持っているから、今度は規制機関であるＳＥＣ（証券取引委員会）との間で知恵比べです。

ＳＥＣは不正をやめさせようとする。そのＳＥＣの網の目をくぐって、一部の経済界が何とか新しい手を考えようとする。またＳＥＣは穴をふさごうとする。イタチゴッコです。アメリカの会計基準は、２万５０００ページもあるそうです。日本は会社法などを含めても、せいぜい４５００ページくらいですが、その５倍以上もあるのです。なぜ、そんなに会計規制が詳細なのかは、これでおわかかと思いますが、アメリカの会計不正がいつも「進化」しているからです（笑）。ある不正な事件が起きて、その不正を規制するルールができます、するとそのルールを抜けた不正が起きて、それを規制するルールがつくられ、またそのルールの抜け穴を探して不正が起きて……（笑）。だから２万５０００ページにもなるんです。日本は４５００ページですから、まだ健全なのかもしれません。

SECとFASBの関係

アメリカにはSECという証券業界の監督機構と、その下にあるFASB（財務会計基準審議会）という会計基準をつくっている団体があるんですが、ここは親分子分みたいなものですから、親分のSECが言ったとおりに子分のFASBが忠実に新しい基準をつくって、例えばこういう事件が起きたらこういう基準をつくる、こういう事件が起きたらこういう基準をつくる、次々と事件が起きて、それに対してどんどん手当てをしていきますから、基準は最も厳しくなるんです。量も多くなるのです。

事件が起きない限りというより、事件が表面化しない限りは、あのストック・オプションですら会計基準がない国なんですよ。あれほど昔から、会計の世界ではストック・オプションはおかしい、あんなものがどうしてオンバランスされないんだろうと盛んに言われてきたにもかかわらず、基準を設定する人たちも、なんとアメリカの大統領をはじめとする政治家までもバランスシートに出すことを嫌って、オンバランスしてもしなくてもいい、その期の費用にしてもしなくても自由というやり方をとってきたんです。

日本ではしばしばアメリカの会計の基準を純粋理論と考えてしまうんですね。彼らは純粋で、理論的に会計基準をつくっているんだと信じているのです。とんでもないです（笑）。ＳＥＣとしては、国益のためになるように会計基準をつくっているんです。産業振興策のために会計基準をつくっているんです。イギリスやフランスなどのほかの国も同じです。

今、アメリカではベンチャー・ビジネスが非常に大きな力を持っているんですが、例えばベンチャー・ビジネスが興っていくためには、ストック・オプションがどうしても必要です。ストック・オプションがないと、彼らは新しい事業を始めることができません。ベンチャー・ビジネスを始めるにしても大きな資金が必要です。多額の報酬も払わなくてはなりません。しかし、ストック・オプションの制度をうまく使えば、報酬を現金で払うことも必要ありませんし、しかも、その報酬を費用として計上しなくてもいいとなれば、便利ですよ。

ストック・オプションは儲けの山分け手段

アメリカの経営者の人たちは、報酬をもらうときに、現金でもらうと、まともに税金がかかります。節税対策なんて立てようがありません。それと、アメリカの経営者の報酬は日本よりも桁が二つぐらい違いますから、今年２００億円の報酬をもらったとすると、それがディスクローズされます。

その後を考えていただきたい。「あそこの家は年収200億円だ」ということが会社の報告書に記載され、とき新聞などで報道されます。どうなると思いますか。すぐ、子供が誘拐されます。奥さんが誘拐されます。それでなければ押し込み強盗に入られます。何せ200億円持っているんですから（笑）。年収200億円、1日5000万円以上のカネが入ってくるとなったら、どこかから脅迫状が届けられます。家族は誘拐、家には強盗、電話に出れば身代金……金持ちはつらいですね（笑）。

そういう世界になるから、彼らは報酬を現金でもらうことを一番嫌がるんです。そのためにどういう手を考えたのかというのが、ストック・オプションです。ストック・オプションは、自社の株式を安いときの価格のままで買い取ることができる権利ですから、自社の株価を目いっぱい下げておいてから権利を付与してもらい、あとは、ビッグ・バス会計だのクリエイティブ会計だのといった、不正ぎりぎりのあらゆる手を使って株価を引き上げて、権利を行使する……そうすると、高い株価の株を昔の安い価格で入手することができますから、差額は経営者の財布に入ります。経営者にとって大事なのは、権利を行使して入手した自社株は、できるだけ早く売却することです。どうせでっちあげた業績に反応して上がった株価ですから、あとはジェットコースターみたいに下がるだけです（笑）。下がり始める前にさっさと売って、一生かかっても使いきれないほどのお金を手にしたら、誘拐や強盗の心配のないバミューダ島かどこかに逃げて（笑）、私達には想像もできない優雅な生活を送るんでしょう。何も好き好んでくそ寒いニューヨークになんか住む必要はないのです。

アメリカの企業は、このストック・オプションで、今まで経営者に対する報酬を払ってきたんですね。経営者は株主との間で、株主には株価を上げることによって報酬を払ってきたんです。株価が上がれば株主は十分に満足します。その一方で、ストック・オプションで自分達は報酬をもらってきたんです。このいわば会社の利益の山分けが、アメリカの場合には株主には株価、経営者にはストック・オプションと見事に分けられて、うまくやってきたんです。

ところが、今、ストック・オプションをオンバランスさせる、その期の費用に計上させるということになると、今度はストック・オプションの額、ストック・オプションをもらった人がその年の報酬として公表されますから、「ストック・オプションで今年２００億円」と、出てくるわけですね。結局、元のもくあみになってしまう。経営者にしてみたら、また脅迫状が届くわ（笑）、子供や奥さんはどこかへ誘拐されるわ、ということになってしまうのです。

それはとても耐えられないからというので、また何か考えない限り、つまりアメリカの場合、企業の利益の山分けを何とかしなければいけないんです。かといって、日本みたいに経営者に億円もいかないような報酬しか払っていないとすると、アメリカでは有能な経営者は会社をどんどん変わってしまいますから、やっぱり有能な経営者にはそれなりの金額を払わなければいけない。ストック・オプションの会計基準をどうするかに関しては、ブッシュ大統領も議会も反対しています。政治家は、正しい会計基準をつくる……といったことよりも、自分の利益を守る・増やすことを重視しますから、アメリカではまともな会計基準は設定できないことが多いのです。

連結財務諸表――日本の特異な企業集団

そういうアメリカでつくられている基準を、日本に持ってくるんです。ミスマッチがはなはだしいものがいっぱいあります。

最初に紹介するのは、連結財務諸表です。連結財務諸表が日本に入ってきました。申し上げるまでもなく、連結財務諸表というのは、親会社があって、子会社があって、孫会社があって、親会社が子会社の資本を出して、子会社が孫会社の資本を出して、というふうに資本が直結しているという、典型的な企業集団を想定したものです。

そういう資本の結合のときには、連結財務諸表を作成すると、親、子、孫会社の一体としての経済力がよく反映されます。この点では文句ないんです。

じゃ、日本にそういう企業ってございますか。日本は、例えば三菱グループの中に親会社ってありますか。三井グループ、親会社はありません。親会社というか、核となっている会社はいっぱいあります。にもかかわらず、親会社と呼べる存在のものはありません。にもかかわらず、彼らは運命共同体です。ご関係の方がいらっしゃるでしょうけれども、運命共同体です。どこかに何かひびが入っても、皆さんで協力してさっと補修します。

比較的アメリカの企業集団に近いのは、例えば日立製作所グループとか東芝グループみたいなところです。日立製作所にはいっぱい子会社があります。なぜか子会社が何社も上場しています。日立化成、日立金属、日立電線などです。東芝も子会社の東芝テックとか東芝プラントシステムなどが上場しています。つまり子会社が必要な資金を親会社が出していないんですね。子会社が、おカネが必要になったときに、親会社が資金を出すんではなくて、みんな上場して、ほかの投資家に株を買ってもらっているんです。

よくアメリカの投資家から、「日本の証券市場っておかしい。資本の論理が働いていない」と言われます。何がおかしいのでしょうか。普通、アメリカでは子会社がおカネを必要としていたら、親会社が出すんです。子会社がどんな事業をするのか、どれだけの資金が必要なのか、こういったことは親会社が一番わかっています。だから、常識的には、子会社の事業に必要な資金は親会社が出すのであって、子会社が上場して資金調達するというのは、英米の資本の論理からはありえない話だと思います。

それで、あるときに日立製作所の役員の方に、「なぜ子会社を上場させるんですか」と聞いたんです。すると「日本では子会社を上場するのが、一種のステータスシンボルになっている」というのです。おたくのグループは何社上場しているのか、うちは10社だ、うちはまだ5社だ――これが一種の企業グループの格になってしまっているんです。

ある会社の役員の方は正直に、「子会社を一つ上場させると、上場会社の社長を一人増やせますからね」と言っていました（笑）。専務や副社長にまで昇進して、社長まであとわずかと思っていたら、10歳も年下の常務が社長に抜擢されたといった話はよく聞きます。若い新社長が仕事をしやすくするには、先輩諸氏をうまく処遇することが大事ではないですか。こうした先輩方の体面を崩さずに目の前から消えてもらうために（笑）、子会社とはいえ、「上場会社の社長のポスト」は使えるということのようです。

子会社は皆さん、ご存じのように、親会社がすべてコントロールできますから、本当でしたら、子会社の株を買うなんていう投資家は、普通はいないんです。アメリカの資本家がしばしば疑問にする話ですが、子会社を上場したとき、誰がその株を買うのか、という非常に大きな疑問があるんですけれども、日本では企業集団内で持ち合うとか取引先の企業に買ってもらうとか、それがごく普通の資本の組み合わせ、資本構成になっているんです。

日本に今、連結財務諸表が入ってきたんです。にもかかわらず、連結財務諸表を作成するのは大きな三菱グループの中の、例えば三菱重工業とか三菱電機とか、三菱マテリアルという、要するに大きなグループの中の部分部分しか連結財務諸表をつくらないんです。

部分部分を見て全体を判断しろと言うのだったら、今までの個別財務諸表をずらっと出すのと何にも変わらない。一つは、そういうアメリカの基準をそのまま日本に持ってきても、日本の企業集団の実態を表しませんよということを申し上げたいんですが、ちょっと今の話の続きをさせていただくと、一部の会社では、それに対して日本流の連結財務諸表のアイデアをだんだんつくってきています。

M連結、F連結、V連結

例えば、今話に出ました日立製作所グループですが、最近、日経新聞に報道されていましたけれども、アメリカ流の連結財務諸表以外に、M連結、F連結、V連結という三つの種類の財務諸表を別につくると言うんです。

M連結というのは、Mはたぶんマネジメントの略なんだと思うんですが、いわゆる日立グループの中で経営が運命共同体となっているグループで連結財務諸表をつくる。これが核の財務諸表です。

F連結のFはたぶんファイナンスの意味でしょう。もし資金を必要とするところがあったら、我々は資金面では手当てをするぞというグループで、もう一つ財務諸表をつくる。

最後がV連結。Vはビジョンだと思うんです。いわゆる「日立」というビジョンを共有できるグループで、もう一つ財務諸表をつくる。つまりアメリカ流の財務諸表のほかにさらに三つつくって、わが身のことをよく知ろうとしているんです。

似たようなことが同じ日経新聞に出ていたんですが、東急電鉄グループが同じようにして英米流の連結財務諸表をつくった上で、もう一つ、連結対象外でありながら、自分達のグループに属しているものを一緒に含めた財務諸表をつくっているそうです。それをしないと海外の投資家が納得してくれないと言うんです。

「連結外し」というのがよくあるんですけれども、都合の悪い情報がほかにあるのではないかと見られるので、いわゆる英米流の連結財務諸表以外に、もう一つ大きな枠のをつくって、それで海外の投資家に説明しているという記事が出ていました。

天地がひっくり返る？・減損会計

減損会計の基準がもうすぐ日本に入ってくると言うんですが、もし日本にそのまま今の状態で入ってくると、有価証券の時価評価なんていうものは全然問題外なぐらい、大きい影響があると思うんです。

減損会計の基準もアメリカ生まれです。つい最近つくられたんですが、日本はそれを見て、「ほら、アメリカが減損会計を始めたぞ。やらなければいけない。国際会計基準にも盛り込まれるぞ」という話なんですが、今までやっていなかったのに、なぜ急にそんな基準がつくられるのでしょうか。

アメリカが減損会計を始めた発端は何かという話をします。経営が悪化して、経済が悪化してきたときに、しばしば経営者が途中で交代します。あるいはアメリカの経営者は、１００億ドルの利益が上がったら、その利益のうち10％はあなたが持っていっていいですよ、という成功報酬契約をしばしば結ぶんです。経営者と株主との間で、その年の利益がいくらいくらになったら、そのうちの何％は経営者報酬として差し上げますという契約を結ぶんですけれども、もしそれに満たなかったらゼロです、あるいは満たなかったら普通と同じですよ、というような話です。経営者が、決算期近くになってきて、これはどうも株主と約束した利益にいかないぞ、いかないと大きな報酬をもらえない、もらうにはどうすればいいかといったら、今年は諦めて来年は確実にもらいたいというようなときによく使う手に、V字回復というのがあるんです。

どんなことかといいますと、簡単に言うと、例えば100億円の土地を持っていたとします。時価も100億円、だいたい原価が100億円だと考えてください。その100億円の土地を期末近くになったら減損処理するんです。例えば土地の用途を変更したので、もうこの土地は100億円の値打ちはない、30億円だとするとします。そうすると、当期に70億円の評価損が出ます。赤字決算になるかもしれません。次の期になってから――時価は100億円と申し上げました――30億円で帳簿に載っている土地を売るんです。きっと100億円程度で売れます。そうすると、何もしなくても70億円の利益が出てきます。

簡単なんです（笑）。前の期に思い切り評価損を立てて、次の期になってからそれを売却すれば、すぐ実現益が入ってくるんです。V字回復の手として、この減損処理がしばしば使われたんです。

これは利益操作とほとんど変わりませんから、SECが、こんなことを続けさせるわけにはいかないというので、減損会計の基準をつくることにしたのです。何のための基準かというと、過度の減損処理をやめさせるための基準だったんです。

日本は、どうもアメリカは純粋だから…という気持ちがあるんでしょうか。アメリカが減損会計をやったぞ、日本もやらなければ、と言っているんですが、同じ環境にはありません。後ほど減損会計の、その後の話をします。

退職給付会計基準

皆さんは、退職金や退職年金について「確定給付」とか「確定拠出」という言葉をご存じと思うんですが、日本の企業はほとんど確定給付です。従業員、社員がやめたあと、いくら払うかという金額を、事前に決めておくんです。従業員はもらう金額がわかっていますから安心です。

確定拠出というのは、従業員が働いているうちに、企業が負担する退職金や退職年金の原資を決めておいて、従業員に今年の原資分を先に渡しておくか、その原資を企業が運用するという制度です。企業が負担する額が決まっていて、従業員が受け取る額は運用次第というものです。要するに、企業サイドからすると、年金の基金として企業が拠出する額が決まっていて、実際に従業員に給付する額、払う額はその拠出した原資の運用成果によって変わるのです。従業員は在職中に原資を現金で受け取ることもできれば、その運用を企業に委託することもできます。うまく運用できれば、もらう金額が大きくなりますが、結果が逆になることもあります。

日本の企業は、ほとんど確定給付型の年金制度を採用しています。やめたらその月からいくら、あるいは退職金としていくら払うという協定を結んできたんです。アメリカは、かなり多くの企業は確定拠出型で、会社が原資を出したら出しっ放し、従業員はそれを401kという税制上の恩恵を受けながら運用しています。アメリカの企業にとってみたら、資金は出しっ放しで、その後の心配はいらないんです。

日本の企業の場合には、退職後の給付額が決まっていますから、年金基金の運用次第で給付のために会社が準備している額が不足したり余ったりします。足りなくなったときは企業が補充しなければならないのです。ですから、おカネを拠出したあとも、運用まで企業が責任を持たなければいけないんです。

かつては金利が高かったから、運用もそれほど苦労はしなかったんですが、今のようにほとんど利息がつかない、株価は暴落するという状況では、退職給付の額を事前に積み立てることができなくなってきました。そんな状況でアメリカから、日本は退職給付引当金があまりにも少な過ぎる、退職手当に対する引き当てが低過ぎるから、全部オンバランスするようにという圧力がかかってきたんです。

となると、多くの企業で検討したのは確定給付から確定拠出への切りかえです。ただ、そう簡単にはできませんから、まだ一部の会社しかやっていません。制度を切りかえる準備もまだできていないんです。日本にも４０１ｋに近いような税制ができましたけれども、あの税制はまだ銀行に預金するのとほとんど変わらないようなものですから、税金面でもほとんど手当てされていません。

Ｓ＆Ｌ危機と時価基準

時価会計が本当に正しいんだとすると、なぜ今までやってこなかったんだろうと、そんな疑問を感じませんか（笑）。何で急に時価会計と言い出したんでしょうか。時価会計が本当に正しいんだったら、もう20年も前からやっていたのではないでしょうか。株価がどんどんどんどん上がっているときに、何で時価会計をとらなかったんだろうか。バブルのときに時価会計を採用していたら、企業は膨大な利益を計上できたはずですね。誰もバブルだと思っていませんでしたから、時価会計で計上した利益は本物の利益だと信じたと思うのです。それが株価が底を打ちそうになってから、急に時価会計、時価会計と言ってきたのは何なのでしょうか。

時価会計も、実はアメリカの会計問題を解決するためにアメリカがつくった基準なんです。私はアメリカに発生した問題に対処するための「火消し基準」と呼んでいます。その話をします。Ｓ＆Ｌ（貯蓄信用組合）という小さな金融機関があります。ＳはSavings、貯金で、ＬはLoan、住宅ローンです。一般市民から預金を集めて家を買いたい人に貸し付けるための小規模の金融機関です。

アメリカの場合は保険会社も、銀行も、州ごとに認可を取っていきます。ですから、小さな保険会社、小さな銀行は、ある州で認可を取ったら、隣の州には行かないです。自分の州の中だけで経営する。シティバンクのように全部の州から認可を取って、しかも、世界中で活躍しているところもありますけれども、自分の州だけで経営しているところもたくさんあります。契約者が5000人しかいないとか、1万人しかいないなんていう保険会社とか銀行がたくさんあります。

そういう中で、1982年に、レーガン大統領の時代ですが、中小のS&Lと呼ばれている金融機関の規制を大幅に緩和しました。政府が、規制緩和だから預金の金利は自由にしていいよ、お客さんからおカネを集めるときに、5%でも6%でも、自分が責任の負える範囲で金利を高くしても構わないよということにしたのです。これだけでは動けませんから、もう一方で投資先も自由にしていい、土地に投資してもいいし、有価証券に投資してもいいし、ジャンクボンドでもよいという両建ての規制緩和をしたんです。金利の自由化と、もう一つは投資先の自由化でした。

それで、多くのS&Lは何をしたかというと、金利を思い切り上げておいて、お客さんからわっとおカネを集めて、これをジャンクボンド、土地、株式に投資したんです。ジャンクボンドはご存じのように、ものすごいハイリターンが手に入りますけれども、いつ潰れるかわからない。

そういうものに大量に投資したんです。

その後、どうなったかというと、株でも、ジャンクボンドでもそうですが、株価が上がったものは売ってしまうんです。キャピタル・ゲインをさっさと取ってしまう。下がった株はどうするかというと、その当時は原価会計、原価主義の時代です。下がったらほっておくんです、原価のまま塩漬けにしておくんです。上がった株は全部売ります。下がった株は全部そのまま持って塩漬けにしてしまう。簡単な話です（笑）。

そのうちに、株も土地も原油も暴落していて、気がついたら、含み損ばかりの有価証券が手元に残っていて、優良な銘柄は全部売ってしまって、ない。ほとんどそういう状態で約７００行ほどのS&Lが破綻したんです。数で驚かないでください。日本の銀行と違って規模の小さいところが多いのです。７００という数で驚かないでいただきたい。

そのときに政府は、当時の日本円にして18兆円という税金を投入して預金者を保護したんです。18兆円も税金を使ったということで、当時の政権が揺らいだんです。何をやっていたんだ、監督不行き届きだということになりました。

S&L対策としての時価会計

SECは、このとき政府から、二度とこんなトラブルを起こすな、起こさないようにしろ、と言われて、SECがどうしたかというと、S&Lは原価会計を悪用したんだから、時価会計にすればいいだろうという話になりました。それで、先ほど申しましたSECが子分のFASBという基準をつくっている機関に時価会計の基準をつくるように命令したんです。

それが実は、FASBから抵抗されたんです。FASBには時価の基準をつくる予定はない、我々には時価で評価するという考えはない、と言って抵抗されたんです。にもかかわらず、SECは親分ですから、何が何でもつくれということで設定されたのがアメリカの時価会計基準です。抵抗した跡がいろいろ基準の中に残っています。基準の冒頭に、ストレートには書いていませんけれども、我々はお上の意向によってこの基準をつくるんだ、お上が中小の金融機関の投資に対して非常に強い懸念を持っているから、それに対応して書いたものだ、という抵抗した跡が残っています。

その基準をつくったときに、SECは何を考えていたかというと、ただ単に時価会計をやればいいと考えたのではないようです。有価証券に投資して、リスク管理がちゃんとできないようなところは株を買うな、と言ったのと同じでした。言外にジャンクボンドになんか投資するな、と言ったんです。ですから、「株やジャンクボンドに投資したら時価会計が適用されるぞ」、「リスク管理ができないようなところで株を買って評価損が出たら、時価評価して損失を出させるぞ」、という脅かしだったんです。

ただ、それだけでは投資先がなくなってしまいますから、そのときにどうしたかというと、米国債を買ったら原価のままでいい、財務省証券を買ったらそのまま原価でいい、時価会計を適用しなくていい、という逃げ道をつくっておいて、それで時価会計の基準を適用したんです。

その結果、どうなったかといいますと、現在S＆Lは株にはほとんど投資していません。見事なぐらいに財務省証券という国債に回っています。アメリカ政府にとってこれほど都合のいい会計基準はないですね。輪転機を回して米国債を刷れば、どんどんS＆Lが買ってくれるのです(笑)。

申し上げたいのは、S＆L対策としてこの時価会計の基準ができたということです。それでS＆Lが事実上、株への投資をやめてしまいました。ジャンクボンドへも投資していません。となると、時価会計が適用される対象がS＆Lに関してはもう残ってないのです。

アメリカの会社は株を買わない

それでは、他の銀行とか事業会社はどうなのかといいますと、アメリカでは商業銀行と投資銀行がありますが、投資銀行は銀行という名前がついていて誤解されるのですが、実態は証券会社です。ですから株を持つのは当然ですが、普通の銀行、商業銀行は法律上、事業会社の株を持てません。

事業会社の場合、他の会社の株を持つことは、アメリカの経営者にしてみたらほとんど考えにも及ばないと思います。子会社の株は別ですが。なぜかといいますと、株主からすると、「この会社にはコンピュータをつくると言っているからカネを出したんだ、それが何だ。自動車会社の株を買うとは」ということになります。自分の会社の株主から預かった資金で他の会社の株を買うことは、資金運用を他の人に委託するのと同じことです。こんな話は、株主総会では通りません。

ROE経営と高株価経営

もう一つ理由があります。アメリカの企業はROE経営と高株価経営という特徴を持っているといわれています。ROE、つまり、株主資本利益率が高くなればなるほどいいとする経営をやっています。そのROE経営をやるには、できるだけ分母の資本を小さく、分子の利益をできるだけ大きくする必要があります。そこで資本を小さくするためにどうするかというと、余裕資金があったら、すぐ自社株を買って消却します。ですから、ほかの会社の株を買うような資金があったら、自分の会社の株を買って消却します。そうすると、株主資本利益率がぐんと上がり、それに反応して株価もぐんと上がります。

余裕資金がなくてもROEを上げないと株価を上げることができません。そこでアメリカの経営者はどうするか、です。なんと自社が持っている工場や土地を売っちゃうんです。すごく破壊的ですね（笑）。売って入ってきたお金で、やはり自社株を買って消却するんですね。そうすれば、分母の株主資本は小さくなりますし、もしかしたら工場や土地の売却益が計上されて分子の利益も大きくなり、ROEは急上昇します。ダウンサイジングというのですが、アメリカの大企業がだんだん中小企業になってきたのは、ROE神話に原因があるのだと思います。

当然のことですが、ＲＯＥが上がれば株価も上がります。株主も喜びます。経営者もストック・オプションを行使するときに便利です。

そういうことを考えますと、アメリカの一般の事業会社がほかの会社の株を買うなんていうことは、当然ないんです。もちろん買っている人もいます。年金ファンドみたいなところがありますけれども、事業会社ではありません。

ＲＯＥのパラドックス

ＲＯＥの話が出ましたから、話は少し本題から離れますが、いや私が勝手にＲＯＥを持ち出したんですが（笑）。「ＲＯＥの犯罪！」と言っては大げさかもしれませんが、「ＲＯＥのパラドックス」ならお許しいただけるでしょうか（笑）。

ＲＯＥは株主資本利益率ですから「率」です。「率」ですから「量」は語りません。利益が昨年度の１万円から当年度２万円になったら、ＲＯＥも２倍になります。利益の成長率は１００％です。でも利益の額は１年間営業してたったの２万円です。どうですか、皆さんなら、この会社の株を買いますか、ＲＯＥが２倍ですよ（笑）。

ＲＯＥがどれだけ高率であっても、従業員の満足とか社会への貢献、経営者が流した汗の

「量」といったことはわからないのですね。日本では、配当性向が低いのは経営者がケチだといって批判されますが、いくら利益をため込んでも経営者の財布に入るわけではないんです。自分の財布に入るのであればうれしいんですけど（笑）。

日本企業が、儲けの一部を配当に回さずに内部留保してきたのは、一つには研究開発のための資金を用意するためだったのです。もう一つは、不測の事態に備えるためなんです。日本は震災、洪水、天候不順、不漁、不作……といった天災をたびたび経験してきましたから、そうした事態に備えるということに対しては国民的な理解があると思います。ですから、企業が、利益を全部配当せずに、一部を内部留保して、そうした不測の事態や将来の研究開発に備えるのは、企業として当然の義務ということであろうと思います。

皆さんのご家庭でも、きっと、将来に備えて貯金とか保険とか、国債や株式などをお持ちと思います。きっと奥様は、たっぷりと「へそくり貯金」を貯めていらっしゃるのではないですか。皆さん、どれくらい奥様の「へそくり」があるかをご存じないとは思いますが（笑）。いえ、ご家庭に戻られても、決して「うちのへそくりはいくらあるんだ」などとお聞きになってはいけません。それは無駄というものです。奥様が正直にお答えするわけないじゃないですか（笑）。

企業の場合は、ちょっと違います。「アリとキリギリス」という話がありますが、アメリカの企業はキリギリスなんですね。自分が経営者とすると、自分が稼いだら、全部、使ってしまう……うちの女房と同じです（爆笑）。ご賛同いただき、ありがとうございます。家では絶対話せないことでした（笑）。

アメリカの企業の場合は、ＲＯＥ経営と高株価経営のために、稼いだ利益は全部配当に回すか、そうでなければ自社株買いに使うために、中長期の経営のために使うということはできないのです。

時価基準が適用されるのは外国企業だけ

日本みたいに、銀行も、生保も、事業会社も、みんながお互いに株を持ち合っていて、巨額の持ち合いが進んでいるような状況は、アメリカには全くありません。

そうすると、事実上アメリカの時価基準を適用する対象が、アメリカにはないんです。ところが困ったことに、日本の企業でニューヨーク市場に上場している会社があります。ニューヨークに上場するとＳＥＣの基準を適用されますから、時価会計が向こうで待っているのです。「トヨタ自動車さん、いらっしゃい、ニューヨークに上場する以上は時価会計ですよ」。「オリックスさん、いらっしゃい、時価会計ですよ」ということになります。

ドイツの会社もそうです。ドイツの会社も持ち合いで株を大量に持っているんですが、ニューヨークに上場する以上はSECの基準が適用されますから、時価会計が適用されてしまうんです。アメリカのS&L対策につくった基準が今思わぬところに使われているんです。たぶんこれはSECも想定外だったのではないかなと思うんです。

国際会計基準とエスペラント語

なぜ国際会計基準にもアメリカの時価会計基準と同じようなものができたかという、その背景をお話しします。

国際会計基準は、ついこの間までエスペラント語みたいなところがありました。IASは、もう30年の歴史を持っていますが、基準をつくることはつくるんですけれども、大きな国はどこも使わない(笑)。報道なんかによりますと、国際会計基準を世界中で使っているような記事を見受けますけれども、どこが使っているか、ご存じですか。イスラエル、香港、シンガポール、あといくつか。どこも大企業とか大きな資本市場などない国です。大きな国はどこも使っていません。

ただ、2日前のEUの会議で、ご存じのようにEUは国際会計基準を制度的に導入しようとしています。これで初めて大きな国が国際会計基準を使う下準備ができたんです。にもかかわらず、先ほど申しましたけれども、ヨーロッパでは時価会計の基準は使わないという取り決めをしたんですね。国際会計基準はまだエスペラント語に近いところがあって、やっとこれから各国が少しずつ取り組もうかなという段階まで来たんですが、さて、そのときの時価会計の基準、なぜあの基準ができたかです。

この話は、裏話とかインサイダー・ストーリーとしてお聞きになると、面白いですよ。でも、会社の経理部門で時価会計に取り組んできた方々には、ちょっとむごい話かと思います。

トゥイーディーとカーズバーグ

この間、トゥイーディーさんという方が日本にいらしたご記憶があるかと思うんですね。あの方は、イギリスが1980年ごろに時価会計の基準をつくったときの立役者の一人だったんです。

かつての国際会計基準委員会、IASCですが、ここの事務総長にカーズバーグさんという方がいます。カーズバーグさんはイギリスが時価会計の基準をつくったとき、ロンドン大学にいた時価論者で、時価会計の理論的バックボーンを提供した人だと言われています。私、そんなことを知らずに、たまたまあのカーズバーグ先生のところに留学してしまいまして(笑)、まさか時価論者だと思いませんでしたから、いろいろ話しているうちに向こうの顔色が変わってきたという経験がありますけれども、お二人とも80年代の初頭に時価会計の基準をイギリスでつくるときのリーダーだったんです。

イギリスの時価基準は「政治的産物」

イギリスの時価基準は政治的な産物で、会計士業界では物価変動会計とかインフレ会計と呼ばれる物価指数を使った会計を導入しようとしていたんですが、これはインフレに悩む政府にとって都合が悪かったんです。物価指数というのは政府の成績簿みたいなものですから、去年のインフレ率は25%、今年のインフレ率は30%、という数字が各企業の決算書に公然と出てきますと、政府が不合格点をつけられるようなものです。それで、イギリス政府は、なかば強制的に時価会計の基準をつくらせたのです。

今のような金融派生商品（デリバティブ）などはなかった時代です。時価会計の対象は、不動産とか棚卸資産が中心で、その目的もバランス・シートを時価で作成することと、損益計算書に書く費用を時価で計算して、結果として計算される当期純利益からインフレ分を排除することでした。この時価会計は、「カレント・コスト会計」と呼ばれました。

その後、イギリスの時価会計は、アメリカにも、カナダにも、オーストラリアにも、ニュージーランドにも、わっと広まったんです。何でそんなことになったかと言いますと、80年代の初頭、英語を話す国だけがインフレに見舞われたんです。あれも不思議な現象だったですが、アメリカ、カナダ、オーストラリア、ニュージーランドという英語圏だけだったんです。どのぐらいのインフレだったかと申しますと、これも信じられないんですが、イギリスで年率30～36％。戦後の混乱期みたいなぐらいの急激なインフレに見舞われたのです。

そんな状況のときに、インフレ指数を使った会計をやるのは政府に不都合だから、どうしたかと言いますと、「このまま決算をやっていたら、決算書の中にインフレ利益が紛れ込むから、時価会計をやりなさい」ということになったのです。なぜ物価指数を使ったインフレ会計ではなくて、個別価格を使った時価会計なのかという点に関しては、こういうんです。「インフレというのは存在しない。あるのは個々の価格が変動するだけだ。だから個々の価格、時価を使う」と。

その当時、カレント・コスト会計という名前で呼んでいました。今ではちょっと考えられませんけれども、建物も、機械も全部時価で評価するんです。減価償却費も時価で計算するのです。棚卸資産もそうです。原材料も全部時価で評価して売上原価も時価で計算するという会計です。

廃棄された時価基準

その結果、どうなったかと申しますと、イギリスでは、いろいろな調査をやっても株価が時価に全然反応しない。原価には反応するけれども、時価に全く反応しないというので、まず投資家が「時価情報は使えない」と言い始めたんです。先ほど紹介したカーズバーグさんは、「時価情報は使われている」という調査結果を報告していたのですが、その調査報告が、自分に都合のいい「でっちあげ」だといった批判も出て、裁判沙汰になっています。

時価会計をするには、結構おカネがかかります。監査も受けなければいけないので、またそちらのおカネもかかります。それだけおカネをかけてつくったにもかかわらず、投資家が全然それに反応しないと言うのです。「何のための時価会計なんだ」ということで、実はどこの国も3年ぐらいで時価会計をやめたんです。

アメリカではSECが、もう時価会計はやらなくていいという「敗北宣言」を出しました。イギリスは時限立法、3年やってだめだったらやめようということでしたから、それでやめました。

どこかの国——日本のことですけれども（笑）、「一度つくった基準はやめられない」というような発言がよく聞かれます。英米ではそういうふうに考えないんです。つくったけれども、実情に合わない、あるいはつくったけれども予想外の結果が出てくる、「だったら、やめよう」と、すぐ簡単にやめてしまいます。

ちっとも保守的でないイギリス

余談ですが、「イギリスは保守的な国」とよく言われるではないですか。ところが、ちっとも保守的ではないです。私、合計で2年ほどイギリスにいましたけれども、昔、ロンドンの地下鉄には1両置きに喫煙車、禁煙車、喫煙車、禁煙車とあったんです。地下鉄ですよ、信じられますか（笑）。スモーカーの権利もノン・スモーカーの権利も守られていると言えば聞こえはいいですが、車両が駅に着くたびに、1両置きの喫煙車両から白い煙が流れ出てくるのを想像してみてください（笑）。

それが、ある日から「全部禁煙にします」という話になりました。日本から見たら当たり前ではないかと思うんですが、「すべての車両を禁煙にします。ただし、1年間だけやってみましょう。1年やってみて、それでもたばこが吸いたいという人が多くいたら、そのときはまたもとに戻します」という非常に柔軟な対応をしたんですね。もちろん、それ以来、喫煙車両はなくなりました。

車のシートベルトもそうでした。今ならシートベルトを締めないで車を運転するには、かなり勇気がいりますが（笑）、私が最初にイギリスに留学したときに、シートベルトを強制するかどうかの議論をしていました。そのときの議論を見ていますと、反対意見も多いようだから、とりあえずやってみよう、1年やってみて問題があれば直そうというものでした。それで最初は運転席と助手席だけがシートベルトを強制されたのですが、そうすると、子供とか妊婦とか老人とかの弱者が後部座席に座るようになって、事故が起きると後部座席に乗っていた人たちがけがをすることがわかりました。これは大変だということで、1年後には後部座席にもシートベルトをつけることになったのです。

イギリスは、私達が考えているような保守的な国ではないんですね。むしろ、変える必要のないものは保守的に、初めて何かをするときは、いつでもやめられるように時限立法的に、柔軟に対応してきたと思います。

時価会計のときにも最初から言っていたのは、「時価会計は経験がないから、やってみて、3年たって、やっぱりだめだったら、そこでやめよう」という約束で時価会計を適用して、結局3年もたずに、イギリスだけではなく、アメリカもカナダもオーストラリアも、どこの国もやめてしまったんです。

絶頂期から奈落に落ちたカーズバーグとトゥイーディー

自分達がつくった時価会計の基準がアメリカ、カナダ、オーストラリア、ニュージーランドなど世界中で使われるようになったときは、カーズバーグさんもトゥイーディーさんも絶頂期だったと思います。それが2～3年のうちに、今度は世界中から「使えない基準だ」として拒否されるのです。絶頂期から奈落の底に叩き落とされたようなものです。

そういう経緯のある人たちが、今、国際会計基準を設定するロンドンのトップに二人ともいるのです。あの方々にしてみたら、起死回生というか、敗者復活戦みたいなものですから、何とかして時価会計の基準を国際会計基準に盛り込みたいのです。

ＩＡＳＣの中に委員会をつくって、時価会計の基準をつくらせようとするんですが、これが難しいです。有価証券を大量に持ち合っている、例えばドイツ、フランス、日本、韓国――そういう国は「有価証券の時価評価なんか、とんでもない話だ」と言って反対します。片方で企業が有価証券を持っていない国もたくさんあります。アメリカはもちろんそうですが、事業会社も銀行も有価証券を持っていない国は、「時価会計でいいではないか。なかなかわかりいいし」というので、時価会計に賛成します。

トゥイーディーさんとかカーズバーグさんが精力的に時価基準の設定に動きまわったのですが、それでも、なかなかまとまらない。延々としてまとまらないものですから、それじゃ、評価の基準は後回しにして、ディスクロージャー（情報開示）だけ基準をつくろうかと言ってつくったのが、国際会計基準の32号です。これは情報提供だけですから、報告利益の額やバランス・シートに影響しません。しかし、計算・評価の基準と情報開示の基準は表と裏の関係にあるはずなんですが、それを情報開示の基準だけを先につくるというのは、ＩＡＳＣにしてみたら「外堀を先に埋める」ということだったようです。

ＩＯＳＣＯ《イオスコ》による認知という誘惑

そのうちに、ＩＯＳＣＯ（証券監督者国際機構）という世界中の証券業界の監督をしている団体が、「もし国際会計基準がコア・スタンダードをつくることがちゃんとできたら、それを各国の資本市場の基準として承認する」と言い出したんです。そのときに、コア・スタンダードの一つとして時価会計の基準もつくるようにという話だったんです。

それで慌てたのが、ＩＡＳＣです。さあ、国際会計基準をＩＯＳＣＯに認知してもらうためには、何としてでも時価会計の基準をまとめなければならない。といっても、各国、非常に意見がぶつかりますから、なかなかできない。そのときにカーズバーグさんは何をやったかというと、こともあろうに委員全員をクビにしたんです（笑）。「もうこの委員会ではまとまらない」と言って、委員を全部取り替えておいて、その次に言った言葉。「今から議論しても始まらないから、アメリカの基準をコピーしろ」と（笑）、事務総長がそういう指示をしたんです。

「何で日本が基準化したんだ」

この経緯は、私が言っても、「国際基準がそんないい加減に設定されるわけがないだろう」と言う方がいるかもしれません。日経文庫の中に西川郁生さんという公認会計士の方が国際会計基準の話を書いています。その中に今の話が全部書いてあります。今でもそうですけれども、西川さんはその当時、国際会計基準委員会のメンバーですから、その間の事情をよく知っているんです。そういうふうにして、委員を全部かえるぐらいまでして、ともかく基準をつくったけれども、それでも各委員の間では非常に強い反対があって、この基準は使えないということでは合意があったんですね。へんな合意ですね（笑）。

どうしても会計基準として公表するんだと言うのであれば、「使わないという約束」だという取り決めで、一種の暗黙の了解ですが、国際会計基準の39号という時価会計の基準が公表されたんです。

39号を読んでいきますと、「この基準は実務には使えない」、「この基準は特に生命保険のような長期の負債を時価評価することはほとんど不可能である」、「この基準は資産側しか評価していなくて、負債側の評価をしないんだから、バランスが悪過ぎて基準としては使えない」、ということが書いてあります。そんなに使えないなら、やめときゃいいのにと思うんですが（笑）。

その基準を日本はそのまま丸飲みしたんです。その当時の大蔵省の企業会計審議会では、「ほら、アメリカにも時価会計の基準があるし、国際会計基準にも時価会計の基準が準備されている、見るとよく似ているし」ということになったのです。そっくりなのは当たり前ですけれども（笑）、これは世界中が使っている基準で、しかも、同じ考え方がとられているという誤解のもとに日本は取り込んだんです。

基準ができてから2年ほどして、私の本でも書かせていただきましたけれども、公認会計士で国際会計基準の設定に関与してきた秋山純一先生という方が、海外から日本に帰られて、日本会計研究学会に出席されたときのことです。秋山さんは、なんと「まさか日本がこんな時価会計基準を国内基準化するとは思わなかった」——表現はちょっと微妙ですけれども、「これは国際的にどこの国も使えないという了解のもとで公表したはずだ。何でそんなものを日本が基準化したんだ」ということを学会の席で発言されて、やっと私達は本当のことを知ったんです。

このインターネットだのグローバリゼーションだのという時代にですよ、私達は「ちょんまげ」を結って鎖国していたということです（笑）。それまで日本ではどうもちゃんとした情報が入ってきていない。ＩＡＳＣには基準をつくっている委員を送り込んでいながら、そういう話が全然伝わってこない。大蔵省もＩＡＳＣの日本代表委員も、いったい何をしてたんでしょうか。

急速な会計改革と拙速な対応――日本の実態を表すか

さて、その次の話です。こういうふうにして日本に合うかどうかなんていうことは考えもしないでアメリカの会計基準を次々に導入した結果、日本の会計はどうなったか。これは私がお話しするまでもなく、皆さんよくご存じの話ばかりです。

会計制度が変わっても、個々の企業にしてみたら最低限の利益は確保したいという願望は変わりません。場合によっては赤字になったら、できるだけ赤字を小さくしたい。その次には、経営が危なくなったら、企業だけは何とか存続させたいという当然の願いがあるはずです。日本企業は、バブル崩壊後、赤字決算と倒産の危機に直面してきました。

それで企業側がどういうアクションあるいはリアクションを起こしたかといいますと、一番大きいのはリストラです。「何でリストラ？」と言われるかもしれませんけれども、毎年毎年損失の垂れ流しをしているような子会社もあります。業界の方はよく「ミルク補給」と言うんだそうですね。子会社にミルクを与えながら、何とか育てていって、もしかしたら5年後に芽が出るかもしれない、10年後に大きく花が咲くかもしれない事業に、おカネというミルクを一生懸命注ぎ込んでいる。そういう事業も連結財務諸表にしてしまうと、資本の部は大きくなってしまい、利益は小さくなってしまいますから、これは何とかしなければいけない。

資本の部はでかくなる、利益は小さくなるでは、ROE（株主資本利益率）がどんどん悪くなってしまいます。それでなくても、そのころからアメリカの投資家が日本に対してどんどん入ってくるよというような話もありますし、アメリカに倣って株主重視の経営をしなければいけないとか、いろいろなことを言われていますから、経営者は当然のことながらROEを何とか高めたいと思うわけです。

では、資本を小さくして、利益を大きくするためにはどうすればいいんだということになります。資本を小さくするには、ともかく、いらない事業、収益を生まない事業、設備、海の家でも、山の家でも、研究所でも、みんな売却するしかない。売却すれば、当然、そのところの人間も切ってしまいますから、人件費も軽くなる。

その次は、利益を確保するにはどうすればいいんだ。利益を確保するというのは経営がうまくいっているかどうかではなくて、産業界全体が上向きか、下向きかで大きく影響するんです。その下向きのときに連結財務諸表を導入してきましたから、これは何とかしなければいけないといっても、売り上げが伸びない。利益が伸びるわけがありません。

リストラ地獄

そうなると、最低限の利益を確保するにはどうするか。もう損益計算書を思い浮かべれば簡単です。人件費を削るのが一番手っ取り早い（笑）。多くの企業が、それでリストラに走ったのではないでしょうか。

リストラに走って人件費を削ればいいけれども、今度は「リストラした従業員に巨額の退職金をすぐに払わなければならない」という事態が待っていて、そうなると、「今年の人件費を削るためにリストラをやれば損益計算書はきれいになっても、バランス・シートの資金がショートしかねない」という話も聞いたことがあります（笑）。

そうしたことから、退職金とか退職年金の協定を一回白紙に戻して、協定し直した会社が非常にたくさんあります。今のままでは、とてもではないけれども、退職金を払えない。だから、もうちょっと下げてねという話（笑）、それから給料を下げる話。そういった話と、先ほど申ししたけれども、確定拠出制度への移行。企業が払いっ放しの制度へ切りかえていく話もいろいろ聞いています。

さらに有価証券の時価評価です。株価が落ちている状況になってきますと、もう含み益がありませんから、時価評価されると巨額の損失が出てきます。持ち合い株の評価損は今の会計基準では資本から引かなければいけないです。そうすると、資本の部が極端に小さくなる。資本の部が小さくなるのは、ＲＯＥの計算にはいいのではないか、と思わないでください（笑）。ＲＯＥは自己資本を小さくすればいい数値が出ますけれども、必要以上に自己資本が薄くなってしまうと、大企業が中小企業みたいな小資本経営をすることになります。ちょっとした株価の下落で債務超過に陥りかねません。

債務超過スレスレの金融機関

事業会社とは事情は少し違いますが、例えば生命保険会社みたいなものを考えてみてください。日本の生保会社は、大手は全部相互会社です。いわゆる株主様はいません。契約者がほんの少しずつ残していったおカネが、ほんの少しだけ資本（基金と呼んでいます）として残っているぐらいなものです。その非常に少ない資本の会社が大量に有価証券を持っている。持っている有価証券に、例えば10％の評価損が生まれたら、ほとんどの会社は資本がなくなってしまいます。

生保会社は、債務超過になったら、現在は金融庁がストップをかけなければいけません。例えばこれ以上新しい契約を取らないとか、その次は業務を停止しなければいけないとか、あるいはどこかとの合併の話を持ち込むとか、いろいろありますけれども、ともかく債務超過になった途端に金融庁は保険会社の営業にいろいろな制約をかけなければいけません。

この3月期、辛うじて何とか小規模の保険会社も債務超過に陥っていないみたいですけれども、もしあの株価がもうちょっと下がっていたら、どうなっていたのかわかりません。

それから銀行です。会場には銀行の関係者がたくさんいらっしゃるみたいですけれども、今まで大量に持っていた有価証券が時価評価されて、しかも評価損を出さなければいけない。ところが、売買目的で持っている株などの評価損益は損益計算書の「経常利益」に加減されて、持ち合い株などの長期に保有する株などの評価損益は、「自己資本」に加減されるのです。どうしてそんな扱いが違うのか、一言で言いますと、持ち合い株はすぐには売れないから値上がりしても利益としない、というのです。この話はわかります。

日本の株式市場はアメリカやイギリスに比べるとかなり小さいので、各企業が持っている株を市場で売ろうとしても、少しずつしか売れません。10年、15年かけて売るというのであれば、売れるかもしれませんが、そのときの売価なんか誰もわかりませんし、将来の売却益を今年に計上するなんていうのは詐欺みたいな会計です。

ＲＯＥのパラドックス

だからと言って、持ち合い株に含み益が生まれたからといって、自己資本の部の増加項目として計上するというのは、私にはよく理解できない話です。脇道にそれたついでに言いますと、持ち合い株の株価が下落して含み損が生じたとしましょう。含み損は、資本の部の減少項目になります。そうすると、どうなるでしょう。

会場の皆さんも、田中の大きな声に惑わされずにちょっと冷静に考えてください（笑）。アメリカの投資や経営の指標はＲＯＥ（株主資本利益率）でした。分母の株主資本を小さく、分子の利益を大きくする経営がもてはやされ、それを実現した企業が「高株価経営」として株主から高い評価を受けてきました。

持ち合い株に含み損が発生したときです。持ち合い株の評価損益は、損益計算書には計上されません。当期の利益には影響しないのです。持ち合い株に生じた含み損益は、株主資本の増減項目とされますから、含み損が発生すれば、株主資本の控除項目とされます。

ＲＯＥの計算ではどうなるでしょうか。持ち合い株に含み損が発生した場合には、その額は資本の部のマイナス項目とされますから、計算式を見るとわかりますように、ＲＯＥの分母が小さくなり、それだけＲＯＥが高く計算されます。私は「ＲＯＥのパラドックス」（直感や常識に合わない話）と呼んでいますが、「ＲＯＥの詐欺」と言ってもよいと思います。

税法上否認される評価損

もう一つは税金です。繰延税金資産というのが最近新聞に盛んに出てきています。繰延税金資産は、税制と会計制度の食い違いを何とかしなければいけない、というので考え出されたものです。

要するに、今、話題になっているのは不良債権の会計処理をしたい。例えば不良債権の処理を会計上、損失に上げたい。損失に上げるのはいいですよ、だけれども、それは商法の決算の話です。思い切って不良債権処理を進めると、商法決算上、赤字会社になってしまいます。赤字になるんですけれども、その不良債権の処理を税法は認めてくれません。「それは単なる会計上の話でしょう。実際に損失が生まれたわけではないですよね」というのが税法の論理です。税法の考えを簡単に言うと、「そんなことで税収が減らされてはかなわない」ということで、評価損なんか認めません。

税法の基本的な考え方としては、評価損は認めないんです。ですから、不良債権処理をしても、税法上否認されますから、そうすると、決算上は赤字会社だけれども、巨額の税金を払わなければいけない。ただし、巨額の税金を払うけれども、あとで次の年になってから利益が出て税金を払わなければいけないとなったときに、「そのときの税金はまけてあげますよ」というのが、企業側から見ると、「来年税金を払うときにまけてくれるんだったら、それは今年の資産として出しておいていいね」というのが繰延税金資産です。この税金資産が、公認会計士や監査法人から、「こんなものは認めない。来年の収益が不確実で、あるいは来年だって銀行はそれほど利益なんか上げられないとすると、納める税金は来年だってないではないか。だったら、帳消しにする材料だってないのではないか」と言われて認められない。

というと、今まで出してきた繰延税金資産がきゅっと小さくなる。自己資本が小さくなったところにもってきて、有価証券の評価損がまた大きく出てきて、これも資本の部から引かれてしまう。だんだんだんだん銀行の資本の部が縮小してしまって、「ＢＩＳ基準は大丈夫ですか？」という銀行が実はいっぱい出てきて（笑）、具体的な、りそな銀行みたいな事件まで起きてしまっている。

時価会計が出てきたときに産業界、あるいは個々の企業がどういう反応を示したか。「時価評価による損失計上・資本の毀損を逃れたい」ということから、持ち合い解消売り・売り返しです。ともかく株は売るしかない。売って、自分のところにリスクがないようにするのが一番です。

でも、みんなが売りたい。みんなが売りたいんだったら、誰が買うんでしょうか。日本は、個人の投資家がなかなか証券市場に近寄れないんです。皆さん、株をたくさん持っていらっしゃるでしょうけれども、個人が近寄るにはあまりにも株価が操作されていて近寄れません。

例えば政府がＰＫＯ（price keeping operation）という株価維持政策をやっている、株価上昇政策としてのＰＬＯ（price lifting operation）をやっていて、下支えをやっている。日銀の銀行保有株買い取りもあります。それから、銀行等保有株式買取機構をつくって、何とかして市場に株式が出ないように株価を下支えしようとしています。

政府や日銀が下支えしているんですから、これは本当の株価ではないんです。下支えを取ってしまったら、泥沼になるかもしれないような株価です。いつまで下支えをやっているか、わかりません。

郵政省から総務省に変わって、今度はいわゆる郵便貯金とか簡易保険の資金が、もしかしたら株式市場にあまり出なくなってくるようなことも想定されます。そうなると、下支えする材料がなくなっていけば、もしかしたら株式市場に穴があいてしまうかもしれない。個人の投資家がうかつに近寄れるような状況ではありません。

日本の証券市場は時代劇と同じ

　ただ、最近ちょっと上がっています。でも、いつもそうなんですが、日本の証券市場は必ず外資が買って上げて、外資が高値のときにぽんと売り逃げる（笑）。今もまた外資が売り逃げています。今日の新聞にも書いてありました。「たぶん利益確定のための売却だろう」なんて、そんなものはとんでもない話です。海外の投資家は日本の証券市場に空売り攻勢をかけて株価を下落させ、下がったところでドサッとおカネをつぎ込み買いあさって、値が上がったところでぱっと売り逃げています。いつも外国の投資家から言われるのは、「日本の証券市場は非常にわかりやすい。日本の時代劇を見ているみたいだ」と（笑）。

　時代劇は結論がわかっています。どこで水戸の黄門さまが出てくるか、助さん、格さんがいつ出てくるかは、誰でも知っています。日本の株式市場も同じです。ここで政府が介入してくる、そろそろ日銀の出番だというのが読めるのですね。

　時代劇では正義が一度やられそうになるではないですか。弱い者がやられそうになると、必ず誰か、昔流で言うと鞍馬天狗とか白馬の騎士とか――古い名前が出てきますが（笑）、いろいろな人が出てきて助けてくれる。それが日本で言うと、国だったり、日銀だったりするわけです。

株価が暴落してきて「危ないぞ」というときには、必ず救いの手があって、それ以上下がらない。だから、逆に言うと外資は安心して買えると言うんです。

それで、外資が買うとまた上がってきます。上がってきたらぽんと売られますから、いつもそれで売られて損をしているのは日本の投資家です。また今日あたり相当上がっていますけれども、あしたまた下がったりすると全部売り逃げられているということなんでしょうね。

持ち合いの受け皿

要するに日本の企業にしてみたら、ここ10日ぐらいの話は別にしますと、日本の企業は持っている株を売るしかない。銀行が事業会社の株を売ります。売られた事業会社も銀行株を売ります。誰が買っているんでしょうか。誰が買っているか、いろいろ聞いて回っているんですけれども、さっぱりわからないです（笑）。

東洋経済の『会社四季報』をご覧になってください。『日経……何とか』じゃなくて『会社四季報』です。私達は今、東洋経済のビルにいるんですから（笑）。開きますと、かつては大株主の欄が必ず日本生命とか、第一生命とか、「何とか銀行」と名前がありました。今はほとんど片仮名です。「日本マスター信託口」とかいう、ゴルフ大会みたいな名前の大株主（笑）や「日本トラスティ信託口」とかの名前が書いてありますけれども、あれは単に株を保管する会社です。誰かに頼まれて株を買って、そのまま持っている会社の名前です。この間、第一生命のシンクタンクに「誰が買ったのか調べられますか」と聞いたら、「いや、それは調べられない。わかりません」と。「持ち合いの比率はどうなっているの?」と言うと、「いや、全然変わりません。法人持ち合いはほとんど変化ありません。ただし、個々の企業で見ていくと減っています」という返事でした。

ということは、今まで持っていた株が同じグループの中のどこかに移動しただけのようです。株の受け皿が変わっただけです。法人所有であるという点では全然変わっていない。こういうふうに、銀行も株を大量に売りに出して、事業会社もどんどん売っている状態です。その結果、どういうことが起こっているかというと、先ほどのリストラの話ですけれども、雇用破壊が起こって、それに引きずられて消費が低迷して、そんな中で企業は持ち株を売ろうとしますから、株価は暴落していく、という混乱を生み出しているのではないかなと思うんです。これが日本の会計改革の一つの結末なのかと思います。

ダイコンとカブ

もう一つ、これだけは聞いておいていただかなければいけないんです。今日のお話は時価会計ですが、時価会計というと、ほとんどの方は、あれは正しい会計だけれども、今はちょっと株価が下がっているのでタイミングとしてはよくないとお考えになっているのでないでしょうか。

私が申し上げているのは、この小さな本のタイトル（「時価会計不況」）そのままです。時価会計を続けるとどうなるかといいますと、デフレ・不況はもっとひどくなりますよ、と申し上げているんですが、本当に言いたいことは、そのことではないんです（笑）。タイミングさえ合っていれば「時価会計は企業のありのままを表す」と考えがちですが、違います。「時価会計そのものが間違っていますよ」と申し上げたいんです。

よく学生相手に、簡単に、2分もあればわかる話ですが、時価会計はこんなに間違っている、という話をするんです。私はたまたま三浦半島に住んでいますが、三浦半島というとダイコン畑があちこちにあるんです。車で走っているとダイコンの山が積んであり、その前に1本いくらと書いてある。無人店舗です。100本ほどダイコンが積んであり、1本200円と書いてあったとします。最初に誰かが、自転車でも、車でもいいんですが、通りがかって、1本買っていったとします。そこで、売れたダイコンの時価はいくらだと学生に聞くんです。誰でも２００円と答えます。その次に、売れ残った99本のダイコンの時価はいくらか聞きます。誰も答えられません。次のお客がすぐにきたら、きっと２００円で買っていくでしょうけど、夕方まで一人も客が来なかったら、きっとダイコンはしなびてしまって１００円とか50円でないと売れないでしょう。でも、売れる価格、時価は誰もわかりません。

今、日本でやっている有価証券の時価会計というのは、ラッキーで売れた1本の価格で、売れ残った99本のダイコン全部を時価評価するんです。これは「ダイコン」でしたが、問題は「カブ」です（笑）。

トヨタ自動車が発行している株は36億株、日産自動車は45億株です。そのうちのほんの一握り、たまたまその日、誰かが何かの都合で３００万株か４００万株を売った、誰かがその値段で買った、１０００分の１％ぐらいの売買が成立しただけで、売買されていない残り全部を売れたのと同じ金額で評価するのが時価会計です。これはたぶん小学生でもおかしいと思うのではないでしょうか。

小学生でもわかる道理

小学生と言えば、うちの子供にその話をしたら、最近、子供達もインターネットでオークションをやっているんです。うちの子供はビッダーズというところで自分の持っている人形でもカードでも何でもいいんですが、それを写真に撮って売りに出すんです。オークションですから最低価格を最初に決めて、送料の方がはるかに高くなるんですけれども（笑）、1円からでも売りに出します。そうすると、結構お客さんというか、子供達が、これを50円で買うとか、80円で買うとか、そういうことをやっていますけれども、そういうことをやっているから今の子供達は経済感覚が非常に発達していて、自分が80円と値段を決めて売りに出しても、お客さんがゼロだと売れないということをよく知っているんです。

そういう子供にダイコンの話をするんです。「1本目は200円で売れた。あと残り99本はいくらで売れるか」と聞くと、「そんなのはビッドにかけてみなければわかるわけないよ」と言われます（笑）。当然のことです。売ってみなければそんなものはわからない。「お父さん、何を言っているんだよ」と小学校の子供に叱られるんですが、売ってみなければわからない。「200円と書いてあるのは自分の希望であって、たまたま希望どおり買いたいという人が一人いたからといって、日本じゅうにあと99人いるとは限らないよ。お父さん」といって私の方が諭されました（笑）。

時価会計の間違いは、子供でもそのぐらい簡単にわかるんですけれども、これがどういうわけか、大人の世界になると、残り99本も２００円で売れることになってしまうんですね。私達もビッダーズをやらないといけませんね（笑）。

リチャード・クーさんの時価会計批判

時価会計を続けるとどうなるかという話で、リチャード・クーさんの『日本経済　生か死かの選択』という本の一部を紹介します。

実は今日ここに来るという話が決まったあと、経済倶楽部の会員の方からおはがきをいただきまして、ぜひともリチャード・クーさんのこの本を紹介してくれということでしたので、私もぜひとも皆さんに紹介したいと思うんです。クーさんとは、時価会計や構造改革の検討の場で、何度かお会いしたことがあります。クーさんは、「時価会計の最大のデメリットは、多くの人たちの行動、特に金融機関の行動を極めてプロシクリカルにする（循環幅を拡大する）ことである」と言っています。時価会計の何が悪いか。簡単に申し上げますと、景気を思い切り振幅させる、扇動させてしまう。必要以上に景気を——例えば時価会計をとっているときがインフレのときであればインフレを加速します。もし「失われた10年」のちょっと前の、株価が上昇しているときに時価会計をとっていたら、たぶんインフレはさらに進んだというか、バブルは倍ぐらいに膨れたかもしれません。株価が上がるたびに利益が増えるんですから、税金も取られるかもしれませんけれども、その利益でどんどん配当していく。そうすると、さらに株式市場に資金が集まってきて、さらに上昇していくという循環をしたかもしれません。

株は値が大幅に上がると、「高所恐怖症」と言うのでしょうか、「いつまでもこんなはずはない」と考える投資家や企業が出てきます。そうした投資家や企業が不安感に駆られて売り始めると、途端に株式市場は反転します。期待がどんどん小さくなっていきますから、株式を持っていられなくなって、みんな売りにいきます。さらに株価は必要以上に下がってしまいます。こういう景気の振れが大きくなるということで、リチャード・クーさんはこれが時価会計の最大のデメリットだと言っているんです。

原丈人さんと加藤秀樹さんの時価会計批判

新幹線のグリーン車に乗るともらえる『WEDGE』という雑誌がありますが、その7月号（2003年）に、原丈人さん（ベンチャー・キャピタリスト）と加藤秀樹さん（慶応義塾大学教授）の対談が載っていました。同じことを言っています。「景気の振り子を拡大する時価会計の怖さ」。まさにこのとおりです。「時価会計の最大の欠点は、景気の振り子を非常に大きくしてしまうことなんです」「結局、時価・減損会計というのは、景気の悪いときにはますます悪くし、景気の良いときはバブル経済の元凶になるんです」。これが時価会計の本当の姿なんです。そのことを皆さんにぜひともご理解いただきたいなと思います。

減損会計導入で土地と株が大暴落！

もう一つ二つ申し上げたいことがございます。先ほどの減損会計の話もしておかなければいけません。その基準がもうすぐアメリカから入ってくるというんですが、入ってくる前にこれだけは何とか止めないといけないと思うんです。どんなことかと申しますと、工場が建っている土地があります。工場の稼働率が下がってきます。例えば市場が少し冷え込んできたために、今まで１００％操業していたのが、80％、70％と下がってきます。当然のことに、その工場も、工場の建っている用地も、収益力が落ちてきます。減損会計の対象になります。

海の家は収益力がゼロですから、あれは減損会計で言うと全額損失です。山の家も全額損失です。研究所、これはもともと収益を生むことを期待しているわけではありませんから、そうそう簡単に利益を生みません。もしかしたら、建物も土地も全部減損の対象です。

皆さんが会社の決算をやって、すごい巨額の損失が出たために大赤字だったとします。実は、そこから先が問題なのです。商法決算上は大赤字でも、税法はその損失を損金として認めてくれないのです。「勝手に評価して評価損を出したのだろう」ということです。「いやいや、我々は商法の規定に従って、会計原則に従ってやったんですよ」と言っても、税法は、「それは単なる評価損で、地価や株価が下落しても、あとでもとに戻るかもしれないではないか」と言われます。言われれば、確かにそうかもしれませんね。

有価証券を考えたら簡単にわかります。３０００円ぐらいで買っていた株式が期末までに１０００円まで下がって、やむなく減損処理の対象にしたとします。ところが、決算日を過ぎてから株価が持ち直し、株主総会までの間に、３０００円に戻ったなんていうことは珍しくありません。期中に決算していたら株価の暴落で債務超過になっていたはずの会社が、その後に株価が反騰して、一回死んでいた会社が生き返るぐらいのこともあります。課税当局にしてみたら、「評価損なんて、いちいち認めていたら、税収なんかなくなってしまうではないか」。当然の考え方なんでしょう。

減損処理では株主総会を乗り切れない

話はこれで終わりではないんです（笑）。もし商法決算上、そのまま減損による評価損を計上して当期純損失を計上しておいて、税法上はその損失は損金として否認されますから、赤字決算なのに税金を納めて、株主総会を開いたらどうなるでしょう。私が株主だったら、質問します。「それほど巨額の損失を抱えた物件を、なぜ売らなかったんだ」と。売ってしまえば、評価損ではなく、実現損失が出ます。実現損失なら、あとで取り消されるとか元に戻るということはありません。確定した損失ですから、税法は、「ああ、それは損失だ。損金に算入して構わないよ。税金はいらないよ」ということになります。

もしも、それをやらずに、評価損を出して、商法上赤字決算をしておいて、それで多額の税金を払って株主総会を開いたら、株主総会は乗り切れないのではないでしょうか。となると、そのことに気がついたら、当然のことですけれども、売るしかありません。売れば税務署が、「よくやった」と言うかどうかはわかりませんけれども（笑）、「認めてやろう。それは損失だ。損金に入れてよい」ということになります。

「強制評価損」と「減損」は違う

有価証券もそうです。ただ有価証券の場合、「強制評価損」が適用されたケースは税法も認めているんですが、これは例外的な措置です。税法上は、有価証券にしても、評価損そのものは認めないんです。

どんなときに認めるかというと、建物が半分壊れたとか、あるいは地震で土台がなくなってしまったとか、「物的な損失」が生まれたときは税法も認めてくれるんです。単なる時価が下落しただけの「評価損」は、元の価格に戻る可能性がありますから、税法では否認します。となると、これから減損会計が適用されるまでの間に、日本じゅうの会社が持っている不動産を投げ売りし出すのではないでしょうか。

ところで、誰が買うんでしょう（笑）。買う相手がいないとなったら、時価はさらに下がります。時価が下がるとそれも減損の対象です。買う相手がいて初めて減損の下限が決まるけれども、下限がなくなってしまうと、いや、これは10億円で買った土地なのに1億円でも売れない。1億円でも誰も買ってくれなかったら、結局ゼロ評価ですね。かといって、ゼロ評価でも損失は認めてくれません。必ず誰かに買ってもらわなければいけないんです。

そうすると、そこから先の話ですが、今度は土地の持ち合いをやるんでしょうか（笑）。「おたくの会社は土地を持っているよね。うちが10億円で買うから、うちの土地も10億円で買ってよ」なんて話にならざるを得ないのかな（笑）。

そんな話にはならないでしょうけれども、いずれにしても土地が大暴落することは間違いありません。減損会計という基準を導入した途端に、こんなことになってしまうんです。果たしてこれが日本経済の将来にとっていいのかな、と不安になるのですが。

わが社を守るためのリストラと人件費削減

もう一つ、ミクロとマクロの話をします。個々の企業のことを今申し上げているんですが、個々の企業は自社にとって最善のことをやっていると思うんです。例えば、持っている有価証券は時価評価の対象になるのだったら、さっさと売らなければいけない。これはわが身を守るためには当然のことかもしれません。わが社を守るためにリストラをやらなければいけない。給料も下げなければいけない。

私もずいぶん大学の給料を下げられました。ボーナスも大幅カットです。それを不満として愚痴をこぼす同僚も多いのですが、日本の私大・文系の教員は、世界で最も恵まれた環境にあるんです。講義は週に3回程度、あとはゼミ生相手に「自慢話」（笑）、昼過ぎに大学に出かけて夕方6時か7時にはもう家に帰って晩酌！（笑）。夏休みに冬休み、2カ月の春休み！（笑）。夏休みなどは、本当は学生にとっての休みなんですが、大学の先生も一緒にお休みです（笑）。

私は講義のない日は大学には行きません。自宅で仕事をしています……ということにしてください（笑）。講義もないのに大学に来るのは、公立や理系の学部では当たり前なんですが、私学の文系の教員は、職場に行くのも行かないのも自由です。それでも、毎日、大学に出てくる先生もたくさんいます。聞いてみると、「自宅にいると、女房が嫌がる」んだそうです。わかる気がします（笑）。話がそっちにいくと、いくら時間があっても足りません（笑）。

合成の誤謬――ミクロを救うかマクロを救うか

ミクロ経済とマクロ経済の話に戻ります。給料を下げるとか、リストラをするのは、会社の存続のために、会社として最低限やらなければいけないことを今やっているのです。ミクロがそういう行動に出るのは当たり前です。会社が破綻でもしようものなら、経営者や株主だけではなく、従業員も取引先もその家族も地獄に墜ちるしかないのですから。

ミクロがベストなことをやって、それが積み上がったときが問題です。よく「合成の誤謬」と言いますけれども、ミクロが最善のことをやればやるほどマクロが潰れていくという現象です。ケインズが言っていた話です。みんなが益出しをしようとして株を売れば株式市場はクラッシュする。どこの会社も保身のためにリストラをやれば消費は低迷する。デフレになる。

私はたまたまこの本を書く直前に、自民党本部でこういう話をしてきたんです。自民党という言い方はよくないのかもしれないんですが、そのときに政治家の皆さんに言ったことは、合成の誤謬を起こしているときに、個々の企業に「有価証券を売るな」とか、あるいは「リストラするな」とか言っても無駄ですよ。そんなことを言うのではなくて、政治家としてやるべきことは何かを考えていただきたい、とお願いしました。先ほど話に出たリチャード・クーさんや経済アナリストの菊池英博先生（日本金融財政研究所所長）もご一緒でした。

例えば時価会計であれば、やめるしかないということをお願いしました。現在の経済状況の中でやるのが不都合だからというのでなくて、「時価会計が間違えている」とちゃんと言ってくださいとお願いしたのです。

新聞報道などでは、「今、時価会計をとっていると企業決算を直撃して非常に不都合だから、時価会計はしばらくやめようと言っている」というような報道にどうもなりがちなんですが、そうではないことは、皆さん、今日の私の話を聞いてわかっていただけたのではないかなと思うんです。

ダイコンの山を思い出していただければ簡単です。時価会計は間違えているんです。その間違えているものを「間違ったからと言って、乗ってしまった以上、降りられない」と一部の方々は言っているけれども、これは、行き先の違ったバスに乗って、次の停留所が目の前に見えて、降りて戻らなければいけないにもかかわらず、そのまま乗っていくようなものではないでしょうか。これは大きなミスだと思います。日本の、今の状況は、「行き先が違った飛行機に乗ってしまったのだから、もう行き先は変更できない」、といった特攻隊か自爆テロと同じ精神状態にあるのではないでしょうか。

木村剛さんと私

残り時間が少ないので、もう一つか二つ、私の宣伝をさせていただきます。

『週刊東洋経済』は、毎年経営者やエコノミストに「この夏に読むべき本」というアンケートをとっています。皆さんでアンケートを出された方がいらっしゃるかもしれませんけれども、今年の8月2日号（2003年）で私の本がなんと堂々5位に入ったそうです。

実は編集部の方が来てびっくりされていました。この本が出て、アンケートをとるまで1カ月ちょっとしかなかった。1カ月ちょっとといいますと、実はこの本は出した直後から品切れ状態を起こしていて、書店に並んでいなかったんです。私、これがうれしいんですけれども、その本が会計学者から褒められたのではなくて、経営者やエコノミストの方々から、「いい本だから読め」と言っていただいたのが非常にうれしい。

もう一つ、木村剛さんが最近『会計戦略の発想法』（日本実業出版社、２００３年）という本を出されました。まだ私の方がわずかながら売れているんですが（笑）、向こうは非常に厚い本ですけれども、ぜひ読んでください（笑）。

私も相当口が悪いですけど、あれだけ口の悪い人の本を、何で読んでくださいと言いますかというと（笑）、実は20ページぐらい読んでから、私もびっくりしたんですが、突然私の名前が出てくるんです。『時価会計不況』ではなく、ホールの入口に並んでいる、『原点復帰の会計学』（税務経理協会、２００２年）とか『会計学の座標軸』（税務経理協会、２００１年）という本です。この2冊の本で言ったことは何かと申しますと、会計学は戦後アメリカから入ってきて、もう半世紀も過ぎているにもかかわらず、今、会計学は死んだ状態になってしまっているんです。学界がそうです。これは何も会計だけではなくて、経営学も、経済学も、みんな似たようなものかもしれませんけれども、アメリカから入ったときのあの熱気はもうないんです。

そうすると、我々みたいな学者が毎日黒板に向かって学生に教えるのは、実は30年前に習ったのと同じことをしゃべっている状況です。それを憂えて、私は、「原点に返ろう。会計はそんなものではない。世の中で現実に使われているものだから、現実をちゃんと教えようではないか。商法がどうなっているか、こうなっているか以前の問題だろう」という話が『原点復帰の会計学』。

それと『会計学の座標軸』は、我々はどうも最近、アメリカがどうだ、イギリスがどうだ、フランスがどうだとやっていますけれども、座標軸を持たないままで外国の勉強をしても、日本に持ってくるものがないんです。知恵がないんです。だから、「自分の座標軸、あるいは日本の会計学の座標軸を、ちゃんとつくろうではないか」という――私が書いたのが座標軸だと言っているわけではなく、座標軸をみんなでつくろうではないか、と提案をした本です。

この二つの本を、なんと木村剛さんが絶賛してくれました。そういうこともありましたので紹介させていただきます（笑）。

いろいろお話しさせていただきまして、中にはうんうんとうなずいてくれた方もたくさんいらっしゃいますので（笑）、気分よく話をすることができました。本当に今日はありがとうございました。（拍手）

高柳理事長　非常な熱弁で、時間を15分ほどオーバーいたしました。お聞きのとおり、中身も大変激しい意見でございましたが、何よりも日本を愛している、強く志を持たれた〝国士〟であることがよくわかります。

本のタイトル、『時価会計不況』は、最初はピンときませんでしたが、先生のお話を聞いてよくわかりました。そして、「グローバル」という言葉がいかにまやかしであるか、ごまかしであるかを理解できたと思います。

いずれにせよ、ぜひ田中先生のこれからの活躍の場を、会計学界だけでなく、幅広く日本のあるべき経済政策のためにも、よろしくお願いをいたします。

熱弁、ありがとうございました。（拍手）

第2講　自壊する日本会計

――日本の自壊を待っているハゲタカ達

（経済倶楽部　2007年11月24日）

「経済倶楽部」は、1931（昭和6）年に創設された社団法人で、東洋経済新報社の外郭団体である。毎週、わが国を代表する著名な政治家、エコノミスト、大学教授、ジャーナリストなどを講師に招いて講演会を開催している。昨年80周年を迎え、間もなく4000回を数える長寿ソサエティである。現在、同社の社長・会長を務められた浅野純次氏が理事長を務めている。

経済倶楽部浅野理事長　それでは開会いたします。(拍手)

今日は神奈川大学の田中先生においでいただきました。田中さんには以前「時価会計不況」というテーマで、大変示唆に富む、しかもとても面白いお話をしていただいたのでご記憶の方も多いと思います。

時価会計とか減損会計とか、アメリカのスタンダードに日本が従っていくことは問題が多いとおっしゃっておられるわけですけれども、『時価会計不況』という本はとてもよく売れて、私もその年の「東洋経済」誌上でのベストスリー・アンケートにこの本を挙げた記憶があります。

今日はご覧のとおりのテーマで「自壊する日本会計――日本の自壊を待っている八ゲタカ達」ですけれども、「自壊」という文字が2度出てくるところに田中さんの気持ちがよく表れていると思いますね。このまま行っては日本は危ういというお話を、会計を中心に伺うことになります。

それでは田中さん、よろしくお願いいたします。(拍手)

ご紹介いただきました神奈川大学経済学部で会計学を担当しております田中でございます。どうぞよろしくお願いいいたします。（拍手）

今、浅野理事長からご紹介いただきましたが、新潮社から『時価会計不況』という小さい本を出したとき、その話の続きをしろということで皆さんの前で一度話をさせていただきました。その後、時価会計だけではなく、いろいろな面で日本の会計は英米に制度的にやられっ放しなのか、あるいは制度的に内部から腐敗し始めているのか、この両面からお話ししたいと思います。

ついこの間、アメリカがエンロンだ、ワールドコムだと大騒ぎしていたんですが、それが何年かして日本に移ってきたのではなくて、よく見てみたら日本も同じ状況だったのが表に出なかっただけなのかなと、そんな気が一方でしております。日本の会計が内部的に問題を抱えてしまったと思います。

橋本さんが金融ビッグバンにからめて会計改革を言い出したものですから、日本の政治家もやっと会計問題に目を向けるようになったのかなと思っていましたが、だんだんわかってきたのは、全部アメリカに言われてやっていることで、しかもアメリカの公文書にみんな書いてあるとおりなんですね。アメリカから「ああしろ、こうしろ」と言われて唯々諾々と従っているうちに、日本の会計がだんだん自壊、内と外、両方から壊れ始めたのかな、という気がするようになりました。そういうことを聞いていただいて、ご感想なりご意見なり頂戴したいと思います。

スピード違反は市民の常識

話はちょっと変わりますけれども、皆さん、車を運転するとき10キロオーバーで運転されている方が多いのではないでしょうか。もちろん法律違反ですね（笑）。とはいえ、日本ではまともにスピード制限を守っているのは高速道路のパトカーだけです（笑）。パトカーに高速道路で制限どおり100キロで走られたら、後ろは数珠つなぎになります。最近はパトカーの横を110キロで堂々と追い越していく車がいっぱいです。しかも、軽自動車がバイクのごとき運転術でパトカーを追い越していきます（笑）。

でも、パトカーは止めないですね。高速道路はそうなんですが、一般道路ではパトカーは、40キロ制限のところを50キロで走っている（笑）。一般道路の速度規制が道路の実態に合っていないことを図らずもパトカーが証明しているのですね。つまり、日本ではスピード違反というのは、やって構わないという国民的な合意があるんだと思うんです（笑）。違いますか。パトカーも10キロオーバーで、堂々と走っているんですよ。ここではパトカーは、一般市民の常識に合わせているようです。私はスピード違反を奨励しているのではないですよ（笑）。万が一、スピード違反の状態で事故を起こしたら、裁判では「一般市民の常識」なんて通用しませんから、「スピード違反を犯した上に事故を起こした」ということになり、裁判官の心証は相当悪くなるようです。お帰りになるときに車を運転される方は、ちょっと田中の話を思い出してください。これだけでも今日、お出かけいただいた価値があるはずです（笑）。

脱税は「やれるなら、やっておこう」

もう一つ、皆さん、友達とお酒を飲みに行ったり食事をしたりしたときに、割り勘で払いますね。そのときに急にいなくなる友達がいたら、皆さんどう思いますか（笑）。「あの野郎、二度と誘わないぞ」という話になると思うんですね（笑）。

脱税というのは、みんなで負担すべき税を、割り勘のときさっと逃げちゃうようなもので、これは社会的な犯罪だと思うんですが、でも、日本では脱税に対する罪悪感というのはあまりないようです。どちらかというと「やれるものならやっておこうか」（笑）というところがある。

「粉飾はわが身から騙す」

粉飾もそうだと思うんです。「乞食は3日やったらやめられない」とよく言いますけれども、やったことのない者にとってはわかりませんよね（笑）。でも、それと同じで、粉飾は一度やったらやめられないんです。

二つ、理由があります。こんなに簡単に利益をひねり出せる方法はほかにありません。帳簿上の操作だけでいくらでも利益が出てくるんです。いくらでも売り上げを増やせます。

もう一つは、一度やったら、一つのウソをついたのですから、あと、ウソをつき通していかなきゃいけない面倒くささがある。何年もウソをつき通しているうちに、景気が回復してくれれば昔のウソは消えてなくなるんですが、今みたいな状態になってくると、過去のウソがどんどん大きくなって、ついに倒産してしまう。

皆さん、ゴルフをされる方が多いと思います。私もへたながら、誘われれば「19番ホール」を楽しみに、「地球たたき」に出かけます。気の置けない仲間と、うで自慢はさておいて、クラブ自慢をしながら、結局、8万円のドライバーも3000円のドライバーも、飛距離は一緒だったなんていう「ばか話」を楽しみながら、ハーフのあとに「乾杯！」、終わって「乾杯！」（笑）

……乾杯が目的なのかゴルフが目的なのか（笑）、どちらにしてもゴルフは楽しいですよね。

それが、たまに、本当にたまにですが、1から5までを数えられない人が参加すると、雰囲気がめちゃくちゃです。それも会社の上司とか取引先の役員となったら、ご想像にお任せします（笑）。どうも5以上は数えられないと言いますか（笑）、空振りもミスショットも、ノーカウントという人がいるじゃないですか。でも、その人がスコアブックに「4」と書いたら、18ホール終わるころには本当に「4打」で上がったと信じ込むと言うのですね（笑）。

粉飾は日本の風土病

皆さん、それが上司とか取引先の役員なら、目をつむってください（笑）。それを「ワンペナだ」などと言おうものなら、来週には「肩たたき」にあうか「君、専務から海外勤務の話がきてるけど、どうするかね。海外といっても、アフリカの何とか言う戦争中の国だそうだけど」（笑）といった転勤話が飛び込んでくるかもしれません。正義感は大事ですが、その正義感を上司や取引先の役員が共有してくれなければ、正義感が「反逆心」と受け取られます。

知り合いの公認会計士が言うんです、「粉飾はわが身から騙す！」って（笑）。粉飾してありもしない利益を計上するときは事実無根の利益だと承知しているんですが、株主総会のころには本当に利益があったかのような気になるそうです。

ゴルフは、セルフ・ジャッジが基本です。プロといえども、自分のスコアは自己申告です。審判とかアンパイアがいる野球やテニスとは違います。だから、ペナルティも自分で申告しないとペナルティになりません。そのために、日本のプロゴルフでは、トッププロと言われる選手がどれだけルール違反をしても、その選手が自己申告しない限り、ペナルティが課されません。ルール違反の行為が堂々とテレビで放映されていようと、主催者もプレーヤーも平気なようです。どちらも金もうけしか考えていないのですね。

日本ではゴルフは、プロレスと同じで、スポーツではなく興業に、つまり金もうけのための「やらせ」となり下がったのですね。若いゴルフプレーヤーが、いえ野球やテニス、サッカーの選手もそうですが、日本を離れて海外でプレイしようとするのは、日本が実力の世界ではなく、世襲制の世界というか、先輩や監督が、それも大した実力のない先輩や監督に「潰される」前に、実力だけが問われる世界で自分の力を試してみたいということではないでしょうか。

日本でも、これまでは子供には野球とかテニスとかサッカーのような、将来お金になるスポーツをさせてきたところがありますが、最近では、子供にゴルフをさせる人が増えています。だいぶ前ですが、タイトリストの社長が書いた一文を目にしました。外国では子供にマナーとかスポーツ精神を教えるためにに子供にゴルフをやらせるが、日本の親は、「いかにスコアをごまかすか」を子供に教えているというのです。その子が成人して会社の経営者になるんだと考えたら、怖い話ですね（笑）。

「粉飾は日本の風土病だ」と言った人がいるんですが、これまで社会的になんとなく許されている世界だったのかなという気がするんです。でも、おカネにからんだ粉飾、これは社会的な犯罪です。脱税もそうですが、おカネがからんでいる以上は身ぎれいにしなきゃいけないのが倫理だと思うんです。そんな話をさせていただこうと思います。

古典的な粉飾の手口

カネボウの事件を報道などで見ていますと、びっくりするのは、ありとあらゆる手を「これでもか、これでもか」と使って粉飾をやっていることです。粉飾決算の研究家——いるんですよ、そういう方が（笑）。ただし、粉飾のアドバイスをするというのではなく、粉飾の手口を研究している人のことです。そういう研究者の話では、カネボウが使った手口は「粉飾の百貨店」とでも言うくらいいっぱいあるけれど、どれもこれも「業界ではよく知られた手口」とか「どこの会社も使っている手口」だと言うのです。

「よく知られた手口」だとか「どこも使っている手口」だったら、監査法人の監査に引っ掛かるはずですよ。ところが、会計士協会の会長を務めたこともある会計士先生が粉飾を見逃したとして批判されたとき、言うんです「古典的な粉飾の手口であるが、発見は難しい」（笑）。私には「目をつぶった」だけだと思うのですが（笑）。

会社法違反から金商法違反へ

最近のカネボウ、西武、ライブドアに共通しているものがあります。何かと言うと、商法違反ではないし、新しい会社法の違反でもない。全部、証取法（証券取引法）違反なんです。

今回、新しく会社法ができました。会社法をつくった担当の人たちに聞いていると、これからの経済犯罪は会社法で取り締まることは基本的にはないだろう、全部、証取法の世界だ、と言うのです。要するに、犯罪の考え方というんですか、違法配当などという考え方がなくて、これからは虚偽記載、これが犯罪のメインになっていくだろう、と言うのです。証取法が金融商品取引法に変わりますが、これからの時代は、会社法に違反しているかどうかというよりは、証券取引法、新しい金融商品取引法に違反しているかどうかが問われる時代です。

粉飾の手法としてカネボウが使った「連結外し」はほかでもいっぱいやっていますから、どうってことはないかもしれません。監査がちゃんと機能していれば、いくら古典的手口でもすぐに発見されます。

キャッチ・ボールと循環取引

カネボウの手口に「商社売り」というのがあります。あとで紹介します。「キャッチ・ボール」という手口もあります。繊維業界の方はいらっしゃいますか。繊維業界特有ではないんでしょうけれども、1回売ってから買い戻します。商品があっちにいって、次に戻ってきます。キャッチ・ボールは2社の間の架空取引ですが、悪事は2人で仕組むとすぐに話がまとまるメリットはありますが（笑）、すぐにばれるという欠点（笑）……欠点かどうかは当人が判断するのですが、欠点があります。

そこで、監査法人や監査役の目くらましとして、もう数社をからませます。バスケットボールの「ボール回し」みたいなものです。3社以上でやると「キャッチ・ボール」が「循環取引」に名前が変わるそうです。どっちにしてもネーミングがうまいですね、悪いことをしているという意識が全くない（笑）。詳しいことはあとでお話しします。

備蓄取引と宇宙遊泳

まだまだありますよ、ご期待ください（笑）。「備蓄取引（不良在庫を消す方法）」というのがあります。「在庫を消す」んですから、マジックみたいなものです。カネボウの「宇宙遊泳」。名前が面白いですね。

粉飾の手法で「宇宙遊泳」というのがあると聞いたときには、何だろうと思ったんですが、要するに、カネボウと取引先の間で毛布を売ったり買ったりする。カネボウも、関連会社も毛布を持っているんです。取引先がカネボウに毛布を売ると、カネボウは約束手形を振り出します。カネボウは信用が厚いですから、取引先はもらった手形をすぐ銀行に行って割り引いて現金にして運営資金に使う。カネボウの方には古い毛布と手形ばかり残ってくるんですね。

そうすると、その次にやるのは、カネボウが買った毛布を相手に売って、相手から手形をもらう。今度は逆にカネボウが買って、代金を向こうからもらった手形で返してやる。ちゃんと戻っていくんです（笑）。

そうすると、何だかんだ言ってもカネボウの方は、向こうから買った在庫を売っていますから、売り上げになる。取引先の方もカネボウに売っていますから、売り上げになる。どっちも売り上げになるんです。

「宇宙遊泳」という名の手形操作

毛布がお金の代わりに使われていて、それがカネボウと相手企業との間で行ったり来たり、宇宙を遊泳するかのごとく、昔で言う「空飛ぶ絨毯」（笑）だったと言うのです。

でも、やったことは何かというと、ただ単に売上伝票が行って帰ってきただけです。カネボウの方は、向こうからもらった手形は現金化できないから返してやるだけです。取引先の方は、カネボウからもらった手形は信用度が高いので銀行で割り引いて現金化できますから現金にして営業資金に回す。

そのうちに、今度はカネボウの手元に残った古い毛布を「商社売り」ということで取引先の商社に売るんです。買った商社は、その一部は卸売業者に売るんですけれども、ほとんどの商品はまたカネボウに戻します。でも、売ったとき、カネボウの方には売り上げが立てられます。カネボウは商社から、手形あるいは現金をもらうんです。銀行でその現金を自分の手形の支払いに充てる。

この話をずっと見ていくと、主役はおカネではないんです。毛布なんです。あくまで書類上の毛布ですけれども、行ったり来たりしている。無重力状態でおカネの代わりに毛布が行ったり来たりというのが、カネボウの「宇宙遊泳」。自分達がそういうふうに名前をつけているというのだから、すごいと思いませんか（笑）。

そうすると、毛布が溜まりますよね。片一方はどんどん毛布をつくっていますから、カネボウはそれを買って、また卸したりなんかしているんですけれども、ほとんど売れませんからどんどん溜まります。

皆さん、最近、ご自宅で毛布をお買いになったことはありますか。毛布は一年中使うものではないし、一人で何枚も使うのはよほどの寒がりか寒冷地くらいです。ふだんは、毛布はそんなに売れるものではない。ですけど、あるときに飛ぶように売れるんです。そうです、ご想像のとおり、戦争や動乱があったときとか大きな災害が発生したときです。そうした不幸なことが起きない限り、毛布の市場は小さいのです。

決算期をずらすと不良在庫が消える

それでも生産を続ければ、そのうち在庫の山、それも不良在庫の山ができます。その解決策、つまり不良在庫を消す方法です。どうやって消したか。カネボウの事件を扱ったものにたいてい書いてありますけれど、毛布が溜まってくると倉庫が火災を起こすそうです（笑）。これは繊維業界では常識らしい。古い毛布が溜まってくると、新品の毛布が燃えたことになるらしいようです。それで保険金がぼんと入ってきて、安泰。在庫はきれいになくなるそうです。保険会社の方はいませんか（笑）。

私もこの話を聞いたときは「まさか！」と思いましたが、あるときに関西を代表する銀行の頭取を務めたことのある方から、「そんな話は関西では誰でも知っています」「関西の繊維業界では常識ですわ」と言われてびっくりしました。会場に業界の関係者はいませんか（笑）。

もう一つ、在庫を消す方法があります。まだあるのか、と思いますよね（笑）。これもなかなか巧妙なんです。ただし、在庫そのものは消えてなくなるわけではなくて、帳簿上の在庫が消えるというマジックです。

興洋染織という会社があります。カネボウが宇宙遊泳のときに使った取引先で、一年中毛布をつくっていました。この会社がつくっても売れなかった毛布を商社に売るんです。商社はそれを買って、年末ぎりぎりになったら売れ残りを返品します。でも、これが微妙なんですが、両社の決算日がちょっと違うんです。日付で言うと、商社の決算日が3月31日で、興洋染織の決算日が4月30日なんです。この1カ月のズレをうまく使うと、不良在庫が消えてなくなるんです。

興洋染織が商社に不良在庫を売って、売れ残りが戻ってくるのが3月10日だとします。3月10

日に戻ってきたものを4月10日にもう1回商社に売るんです。これで4月30日の決算日には在庫はありません。売り上げだけは計上されます。商社の方は、3月31日の決算期末では、在庫は返品していますから、こっちも在庫がない。2度目に興洋染織から仕入れたのは4月10日なので、当期のバランス・シートには載らない。これで毛布何万枚かが消えてなくなる。どこの会社のバランス・シートも出てこない。マジックです（笑）。

青酸カリは舐めてみないとわからない

これは、あちこちで使っていた手ではないかと思います。在庫は、粉飾のいろいろな意味での会計士泣かせと言うんでしょうか。例えば、製薬会社に公認会計士が監査に行きますね。私は会計士によく聞くんですけれども、「あなた、薬剤師の資格は持っている？」と。持っているわけはないですよね（笑）。持っていないとすると、薬の瓶がずらっと並んでいても、何の薬かわからないんですよ。「青酸カリ」と書いてあるとします。わかるのはただ一つ、舐めてみることです（笑）。そうでないと、塩が入っているのか、砂糖が入っているのか全然わからないじゃないですか（笑）。どれだけの在庫があると書いてあっても、実際には検査されていないのと同じになるわけです。

若い会計士にその話をしたら、実は先週、コンピュータの部品をつくっている会社に在庫を調べに行った、というのです。倉庫に山のように在庫が積んである。箱にはロシア語で書いてあって、中に何が入っているのか全然わからない。会社の人が「この箱にはロシアから輸入した○○が入っています」と言うのですが、ロシア語も読めないし、○○の知識もないので、会社の言うことを信じるしかなかったと言っていました。それはまだいいんです。ロシア語で書いてあるのでわからないというだけですから、ロシア語を勉強すればいい。

ある会計士は監査に行って、倉庫に部品が山積みしてあった、と。「この部品は？」と聞いたら、「在庫です」と言われた（笑）。ここから先はわからないんです。欠陥在庫が積んであるのか、これから売る在庫が積んであるのかわからない。

稲盛さんの「セラミック　石ころ」論

セラミックの話ですけれども、稲盛和夫さんの本にあった話です。セラミックなんて流用がきかないんですね。いったん受注に応じて形をつくったら、ほかの目的に流用できない。でも、倉庫に行ったら、そういう流用できない在庫が山のように積んである。だとすると、それをどう（評価）するか。

例えば1000個の注文を受けたときに、規格に合わない製品や検品を通らない製品が出たら困るからといって多めに1100個、つくったとします。1000個納品して無事検品を通ったら、あとの100個はどうするんでしょう。原価主義だから、原価評価しておきますか。でも、買い手はもういないかもしれない。同じ注文が来ないとすると、その100個は在庫としての価値がないかもしれない。

でも、在庫としてバランス・シートに載っけておくこともできるんですね。これもなかなか微妙な在庫です。稲盛さんは「あれは石ころだ。だから在庫評価ゼロ」と言いますが、できたらバランス・シートに「製品」として乗っけておきたいと考える経営者も多いのではないでしょうか。

リッカーはご存じですね。皆さん、ご家庭でミシンを使っているのをこの1年間、見たことがございますか（笑）。今では、ほとんど見かけないと思うんです。でも、リッカーはミシンをどんどんつくったんです。でも売れない。外国に輸出しようとしても、高性能のミシンはアジアの国々ではだめなんです。足踏み式ぐらいの方がいいかもしれない。高性能の機械だと壊れても修理する場所がなかったらどうしようもないので、アジアではなかなか売れない。どこでリッカーはどうしたか。つくるそばから梱包して向かいの倉庫に押し込んだんです（笑）。

売り上げの過大計上あの手この手

工場から一歩出た途端に売り上げを立てていたんですね。全部売れたことにして、それで決算をやった。在庫が自分の工場なり会社から出ていけば売り上げに計上できるという会計の基準があるのですが、「出荷基準」と言います。本当は、単なる出荷ではなくて、実際に販売契約が成立して、売れた商品が出荷されたときに売り上げに計上するという基準なんですが、「出荷」したという外見を装って売り上げにしたと言うのです。

メーカーでも商社でもそうですが、期末近くになってどうしても売り上げが足りないとなると、在庫を売ったことにしちゃえということになるという話を聞きました。在庫を売っちゃったことにするといっても、売上伝票一枚だけの処理ですと社内に在庫が残ってしまい監査法人にばれてしまいますから、海外向けの船に乗っけちゃえということになる（笑）。

実際に船に乗っけて船荷証券まで取って、それで売れたことにしておいて、船がまた戻ってくるには半年ぐらいたっていますから、そのころにはうまいぐあいに買い手が見つかるかもしれない（笑）。それでも見つからなかったら、半年後にもう1回船に乗っければいいじゃないかと言うんです。そういうことが平気で行われているということを聞きました。監査人も海外までは在庫のチェックに出かけませんから、ちょっとばれないそうです。

ある会計士から聞いた話ですが、在庫の確認に出向いたら、確かに帳簿のとおりだったので安心していたら、工場の空き地にレンタカーのトラックが何台も止まっているというのです。皆さんお気づきのとおり、トラックの荷台には売れたはずの在庫がぎっしり……（笑）。

ライブドアの監査をやった田中慎一さんが書いた『ライブドア監査人の告白――私はなぜ粉飾を止められなかったのか』（ダイヤモンド社）の中にも出てくるんですが、先ほど会計士泣かせだと言ったのは在庫がなかなか確実に確認できないからなんです。にもかかわらず、会計監査の世界では、在庫調べというのが伝統的な手法のままに行われている。不良在庫を消す方法というのは、あちこちで使われているのではないですか。監査を担当した会計士に「古典的な悪用の方法ではあるが、発見は困難である」などと開き直られては（笑）、株主も投資家も浮かばれません。

「借金を売り上げに変える方法」

カネボウの「宇宙遊泳」の話をしましたが、カネボウでは「ぼろ毛布」と言っていたみたいですけれども、商社にぼろ毛布を売って代金をもらう。ということは、カネボウにしてみたら、売り上げが立てられて、なおかつ現金が入ってくるんです。

エンロンが使った手なんですが、今のカネボウの宇宙遊泳と同じ効果を持った同じような手があります。エンロンはＪＰモルガンという金融会社にあるものを売る。何でもいいんです。紙切れ１枚でもいい。エンロンの場合、それはガスの供給契約書でした。

これから10年間にわたってガスを立方当たりいくらで売りますという契約を結ぶ、その契約書です。契約書を売るんです。代金は３億３０００万ドル、その金額で売って、代金をＪＰモルガンから現金でもらっています。その後、エンロンはＪＰモルガンの子会社を通してその契約書を買い戻すんです。買い戻した金額が３億９４００万ドル。６４００万ドルほど上乗せして買い戻す。

６４００万ドル損するじゃないかと言われるかもしれません。確かに損するんですが、代金の支払い方法にトリックがあるわけです。売ったとき現金をもらっているんです。買い戻したときどうするか。その現金を返したら意味がないので、その現金は取っておいて、20年払いとかの年賦にするんです。そうすると、最初に受け取った3億3０００万ドルの現金はそのまま残っていて、これから先、少しずつ払っていけばいいわけですね。

形式的には売り上げです。でも、実質は借金なんです。ただ借金するんだったらバランス・シートも悪くなるし、見栄えも良くないし、信用不安も起こすからというので、売り上げにしちゃう。借金を売り上げに変えてしまう。

なかなか巧妙な手をエンロンは使ったんですが、ワールドコムとか、エンロンがやった手を日本でも最近、盛んに使っているようです。日本の最近の粉飾決算を見ていると、アメリカでやってきた手、しかも全部ばれた手を盛んに使っている。典型がライブドアの取引です。

ライブドアの取引は複雑なものもありますが、単純なものを一つだけ紹介します。キューズ・ネットという結婚仲介業、それからロイヤル信販という消費者金融業に対する架空売上げを紹介します。

ライブドアはどんな会社かご存じですか。たぶんわからないと思うんです。ヤフーはご存じですか。こちらはよく見ると思います。インターネットでヤフーを立ち上げると、旅行に行きたいとか、天気を見たいとか、ポータルサイトという最初の画面が出てきて、そこから情報を検索していくんですが、ライブドアも同じことをやっています。ポータルサイトという、パソコンでインターネットを立ち上げたときの最初の画面で、ライブドアを開けるとそこからいろいろ入っていける。

ヤフーとかライブドアは何をやったかというと、最初に立ち上げた画面の中に宣伝をいっぱい入れているんです。しかも、動くようになっている。見ると、何か面白そうな商品が出たなとか、かわいい写真があるなとか、動いている方にどうしても行きたがるわけですが、ヤフー自体は広告宣伝料がメイン収入で、私達がヤフーを使ってもヤフーにおカネを払うわけではないんですね。

同じようにポータルサイトをやっていたライブドアですが、私達はライブドアに一銭も払うわけではないんです。ライブドアの画面に、バナーという広告が出ていて、その広告に引かれてクリックすると、何円とかいう広告収入がライブドアに入ってくる。見ているだけで入ってくる収入もあるんですけれども、中に入っていって、もしかして契約が取れたらもっと高額な報酬がポータルサイトを運営している会社に入ってくる。

ライブドアは利益水増しの粉飾

ライブドアがやっているヤフーと同じような事業では、営業利益はせいぜい5億円程度だったんです。全体の利益が150億円ぐらいあったけれども、残りが全部、金融と証券です。ですから、事実上、ライブドアは金融会社だったんですね。

2～3日前、ライブドアがその金融部門を売るというニュースが出ていました。私はあれを見て、金融部門をライブドアが売ったら何も残らないなと思ったんです。果たしてライブドアはどうなるか、心配だなと。私が心配してもしようがないんですが（笑）。

そのライブドアが、キューズ・ネットとロイヤル信販を子会社化したときの話です。子会社化しておいて、ライブドアは、子会社の持っているお金を親会社のライブドアに送金するようにと言って、ライブドアの口座に全部入金させたのです。

ライブドアは、表向き、キューズ・ネット（結婚仲介業）とロイヤル信販（消費者金融業）に、「おたくの広告を載せるから」と言って広告宣伝費として合計15億円を送金させたわけです。ライブドア本体では、広告契約ですから売り上げに全部計上できます。本当にポータルサイトに15億円に相当する広告をしたかどうかは、インターネットの画像は消えてしまうので、あとからではわかりません。キューズ・ネットとロイヤル信販が、持っていたお金を全部広告に使うというのも信じがたいですね。

この話は、要するに、すでに子会社になっている二つの会社の資金を移動するだけのことを、広告宣伝料収入のように偽装して、親会社が売り上げに計上したという話です。ライブドアは、先ほど話しましたエンロンとＪＰモルガンの取引を勉強して、この手口に気がついたと言われています。

ライブドアはいろいろやっているんですけれども、その中で比較的わかりやすいのが今の操作です。ライブドアの監査人だった田中慎一さんの分析によりますと、山一證券、ヤオハン、カネボウ、こういった会社の粉飾あるいは破綻は、業績が悪化して資金の流出を防ぐために粉飾をやってという、いわゆるバランス・シートをメインにした粉飾だったと言うのです。

それに対してライブドアは、ある意味ではアメリカの経営をまねるというか、アメリカ式の高株価経営をうまく使って、自社の株価を吊り上げておいて、堀江さんが持っていた株を売り抜けるという、そういう経営をしていた。

時価総額を上げるために利益を水増しする操作をやってきたわけです。資金の流入は会社にちゃんとあるんです。二つの子会社（ロイヤル信販とキューズ・ネット）から現金15億円取り上げている。ですから、資金の流入はあって、資金がショートして破綻するケースではないのです。

債務超過と資金ショート

日本では、企業が破綻するケースというのは二つしかないと言っていいと思うんですが、会計的な話で言いますと、一つは資金がショートして潰れる、もう一つは債務超過で潰れる。資金がショートすると金融機関がすぐ気づきますから、資金がショートしたケースでは世の中の人はぱっとわかるんですけれども、債務超過はすぐにはわからない。

債務超過というのは、バランス・シートをつくって、会社が持っている総資産よりも負債の額が大きい状態を言います。会社が持っている資産を全部つぎ込んでも負債を返しきれない状況です。このとき、負債の方はバランス・シートに書いてあるとおりの金額なんですが、資産の方は原価で書かれているので、時価で評価し直して、負債を返せるかどうかを判断します。

　少し前ですけれども、日産生命が破綻しました。このとき私は大蔵省で保険経理の委員会をお手伝いしていたんですが、破綻するというのは、座長の私にも事前には知らされていなかった。生命保険会社は3月31日を期末とする1年決算ですが、日産生命は決算のときには債務超過ではなかった、少なくともこの会社が作成したバランス・シートでは債務超過ではなかったことになっています。では、いつ債務超過になったのか、これは微妙なんです。

　つまり、3月31日のバランス・シートでは債務超過ではなかった。債務超過かどうかは、バランス・シートをつくってみなきゃわからないのです。決算期が終わると、次の決算日までバランス・シートはつくりません。ということは、会社自体も自分の会社が債務超過に陥ったかどうか、期中にはわからないかもしれない。ということは、生命保険会社は1年決算ですから、3月31日にバランス・シートをつくったら、1年後の3月31日までつくりませんから、この間に債務超過に陥ったとしても、気がつかないかもしれないのです。

いつ日産生命は債務超過になったのか

日産生命の場合、それが5月の連休のちょっと前という、微妙なタイミングで債務超過だと発表されたわけです。しかも、金曜日の夕方。翌日の土曜日になったら、役所も会社も閉まっていますし、新聞社の取材もできないでしょう。関係者にしてみますと、ゴールデン・ウイークに入って別の大きな事件でも起きたら、日産生命のことも報道されなくなるかもしれないという期待があったのかもしれないんです（笑）。4月の中旬になって債務超過になるというのは、決算日からたった1カ月もしない間に債務超過になっちゃったということですね。

あとから考えてみたら、実は3月31日現在で債務超過だったんだと言われましたけれども、債務超過というのは、実は決算日から決算日の間はいつなってもおかしくないんです。生命保険会社は大量の有価証券を持っています。持っている株が大暴落して今日は債務超過だった、でも翌日は株価が上がって債務超過が消えた、次の日また株価が落ちて債務超過になった、また株価が上がって債務超過が消えた、3月31日はきれいだった（笑）。ちゃんとしたリスク管理ができない会社であれば、期中に債務超過になったかどうかさえわからないかもしれません。

連結対象外のファンドを悪用

日本では、債務超過になるか、資金がショートするかのどっちかが会社が破綻する原因なんですけれども、ライブドアみたいな最近のケースで言いますと、債務超過ではないし、資金がショートしたわけでもない。結局、資金の問題は何にもなかったんです。ただ単に粉飾、財務諸表に虚偽の記載をしたということで、検察に挙げられて危機に瀕してしまったケースなんですね。

ライブドアとアメリカの事件で共通しているのは、○○組合の利用ということです。日本で言うと投資事業組合です。そういう民法上の組合であるとか、出資者に議決権がない、連結にも含められない企業が、利益操作や粉飾にうまく使われているのです。エンロンでは、いわゆるファンドが3000社とか4000社とかという数字も聞いていますけれども、自分達でもわからないぐらいの数の会社をつくっておいて（笑）、都合が悪いのは全部そっちに付け替え、都合の良いところは全部本体で吸収する。それを繰り返しているのです。

私も会計をやっていながら、外部資金が5%だか8%入っていれば――最初は3%入っていればいいということでしたが、連結対象外に置けるなんていう会社がアメリカに存在するということは知らなかったんです。最近では、日本でも投資事業組合（ファンド）、それから新しい会社法でも合同会社とかが出てくるんですけれども、これも中身不明の会社です。誰がおカネを出したかわからない会社をつくることができるのです。

村上ファンドの資金というのは、外部の人間には、どこから出てきたのか全然わからないんですね。村上さんは日本人だったとしても、村上さんにおカネを出した人が誰なのか全然わからない。でも、その資金でどこかの会社を買い取ったりしますね。外資かもしれない。結局、外資がどれだけ入っているのかも全然わからない。日本の証券市場も「外国人株主」とかの占率が公表されていますが、私が、村上ファンドに資金を出したら日本の投資家で、外国のファンドに資金を委託したら……私は外国人になるのですか（笑）。私は何人に分類されるのでしょうか、アジア人、それともファンドがアメリカのファンドなら、私は今日からアメリカ人……。そうだったら私は、日本のファンドに投資して日本人になりたいですね、日本が大好きですから（拍手）。ありがとうございます。残念ながら、私には村上ファンドなどに投資するだけのお金はありません。家に帰りますと、「貯蓄より消費」ということを信条としている家族が一人いますので（爆笑）。ご賛同、うれしく思います（笑）。

村上ファンドなどが使った手法が、日本でもだんだん悪用されて、粉飾の温床になっているんじゃないかと思います。メディアリンクスという会社がありました。大証ヘラクレスに上場していた会社で、この会社でもスルー取引、Uターン取引、架空循環取引と、いろいろな名前で決算操作をやっていた。自分達が不正な取引に名前をつけているというのは実に不思議なんですけれども、きっと罪悪感はないんでしょうね（笑）。

架空循環取引

架空循環取引だけ説明しますと、これはメディアリンクスという大証ヘラクレスに上場していた会社と一部上場の有名な会社、この二つの会社の間で、本当は直接取引すべきところを、直接ではなくて、間に数社をまぜて、次々と回すんです。先ほどもちょっと紹介しましたが、循環取引ですから、バスケットボールのボール回しのように何社もの間をぐるぐると回すんです。

まずどうしたかというと、何でもいいんですが、紙切れ1枚でも空の段ボール箱でもいいんですけれども、発案した会社A社が、この場合はメディアリンクスですが、次の会社B社に100万円で売ります。売ったA社は、取引先B社に、「おたくが100万円で買えば、C社が110万円で買ってくれることになっている」と約束してくれるわけです。A社の言うとおり100万円で買えば、次の取引先C社が110万円で買ってくれることになっているのですから、リスクもないわけで、どこの会社もOKするでしょう。売り上げも利益も増えますから。

そこで最初の会社、A社が、段ボールに入っている物品をB社に100万円で売って、その段ボール箱が次のC社に110万円で買われていって、C社はその次の会社D社に120万円で売って、最後にメディアリンクスが130万円で買い取るのです。最初100万円だったのを130万円で買い取るんです。

でも、ちょっと考えてください。30万円の損をするのは誰でもわかります。売り上げが計上できるんです。130万円で買い戻したとき、常識的には30万円損しています。でも、ぐるっと回ってきて買い戻した段ボール箱は、新しい商品を仕入れたと同じですから、バランス・シートに原価で「商品130万円」と書いておけばいいわけです。そうしましと、30万円の損失はいっこうに表に出てこないことになります。

これは自分達で「架空循環取引」と名前をつけていたんですけれども、1回だけではなくて、一巡するともう1回回し、2回も3回も回してということをやっていくと、最初100万円だったものが200万円になり300万円になる。でも、会社の方にしてみたら、どんどん売り上げが増えて、なおかつ資産が増加するという魔法の手なんですね。そういう手をメディアリンクスはやって、結局、潰れたわけです。

監査人はどこに?

さて、日本でこんな会計をやっていたとき、アメリカのエンロンやワールドコムの会計不正事件が表に出て、アメリカでは「監査人はどこにいたんだ?」というのが記事になっていました。日本の場合も、一部の会計士の人たちは、会社側に不正な経理のアドバイスをしたりして逮捕されているんです。

去年でしたか、私が属しているある会計学会の大会に、前の公認会計士協会の会長に講演に来てもらったんです。そのときの、会計士協会の元会長の発言に、私は心臓が止まるくらいびっくりしたんですね。学会だという気安さがあったのかもしれないんですが、上場会社の話で、元とはいえ会計士協会の会長が、こともあろうに「日本の経営者の半分は会計基準を守ろうとしない」と断言するのです(笑)。会計士協会の元会長ですよ。何十年も監査をやってきて、監査証明で監査報告書に全部、適正だ、適正だと書いてきたその本人が、「日本の経営者の半分は会計基準を守ろうとしない」と堂々と言ってのけたのです。

学会という会場でしたから、自分のふだんの苦しみをぺろっとしゃべったんだと思うんですが、それがたぶん実情なのかなと思います。日本の会計における粉飾は、スピード違反と脱税と同じくらいに、どこでもやっていてあまり罪悪感のないことなのでしょうか。このままでいったら、今日のタイトルどおり、日本の会計というのは自壊するしかないのではないかという気がするんです。

次に、日本会計の「矯正」というテーマですが、矯正というのは私が自分で言っているわけではなくて、アメリカに矯正されているということです。石原慎太郎さん達が書いた『国家意志のある「円」』（光文社）という本が出ました。この中で、「２００５年には、日本は米州の一つに併合されることになっている」と言っているんです。「併合されることになっている」という表現を使っているんですが、ある人は、「もうなっているぞ」と言っています。

今回の会社法の改正はほとんどアメリカの言いなりに改正されました。独禁法の改正もそうです。アメリカの資本が入ってきやすいようにです。郵政の民営化については、小泉さん自身も郵政大臣になったときその話をしていたんですが、ずっと長い間、アメリカから毎年のように言われている。

「奪われる日本」「買い漁るアメリカ」

『拒否できない日本』(文春新書)を書いた関岡英之さんは、『奪われる日本』(講談社現代新書)という新しい本を出しています。あるいは、京都大学の本山美彦さんが書いた『売られ続ける日本、買い漁るアメリカ』(ビジネス社)もそうですが、使っている資料は一緒なんです。何を使っているか。日本のアメリカ大使館のホームページに公開されている公文書です。

日本のアメリカ大使館の公文書を見ていくとほとんどが日本語に翻訳されているのですぐ読めるんですけれども、その中に、例えば年次改革要望書というのが毎年出ています。そこでは、日本に、ああしろこうしろと、あらゆるところで指図しています。次の年の年次改革要望書では、去年言ったことを橋本(龍太郎)はこうやって約束してこうやって実行した、小泉はこういうふうに言ってこうやって実行したと、全部書いてある。評価されているんです。

公文書です。アメリカというのは、図々しくもこんなことをよく公文書に書くな、と感心するんですが。普通なら黙っているはずのものですね。政府のトップ間の約束だったら黙っていてもおかしくないんですけれども、全部、公文書の中に書いて出しちゃうんです。次の年の公文書に書かれるから、日本の総理大臣は、毎年、アメリカに言われたことを必死に実現しようと頑張っているようです。

もう一つ、日米規制改革イニシアティブ報告書という、舌をかみそうな名前のものがあります。これはブッシュと小泉さんと二人で会談したあと、合意文書として毎年、発表されています。その中にいろいろなことが書いてあるんですが、多くのものは、日本の規制が強すぎるという話です。

かつては、大蔵省の権限が強くて、銀行・保険・証券などの許認可権を一人で握っていて、アメリカの金融機関が入ってこれないから何とかしろなんていう話なんですけれども、規制緩和で何が起きたのかを2〜3ご紹介させていただきます。

けさの朝日新聞の社会面に何が書いてあったかご記憶ですか。阪神大震災後に建築基準法が改正になったんですが、多くの人は建築基準法が強化されたと思っているはずです。私もそう思っていました。ところが、改正された建築基準法では、木造建築の強度に関しては、その前の建築基準法から変わっていないんです。

強度については変わっていないんですが、アメリカの言うことを聞いて木造3階建てを認めたんです。それで、今日の新聞ですが、建築基準法どおりにつくった木造2階建ては震度7で倒れる、という話でした。2階建てが震度7で倒れたら、3階建ては震度5、6で危ないじゃないですか。でも、アメリカが言ってきたのは、3階建ての木造建築を認めるように、ということでした。

桜井新さんという新潟選挙区の参議院議員の先生がいますね。2年ぐらい前、あの方と話したとき、私はあまり関心がなかったのでちょこっとメモをとった程度で、今日そのメモも持ってきているんですが、メモを読み返してみると、桜井先生はこんなことを言っているんです。

日本では木を植えるといったら必ず杉を植える。なぜ杉を植えるかというと、杉の木を建材にして家を建てると、杉の木は虫を寄せつけないからだと言うのです。虫を寄せつけないのは建材としていいから、杉を植えると言うんです。

建築基準法改正で花粉症が増えた

ところが杉を植えると、杉の枝が日光を遮る上に、葉っぱが落ちませんから、下に水が溜まらない。腐葉土もできない。杉林には虫も住まない。虫が住まないから動物も住めない。ドングリはないですから、熊もこない、イノシシもいない。そばを流れる小川には魚も住まない。

杉の木は育てるのにすごい手数がかかって、下草を刈って水がはけるようにしてと、いろいろ工夫をしなきゃいけないんだけれども、アメリカの木材が安く入ってくるようになった途端に、建材として杉は太刀打ちできなくなりましたから、林業の会社は、それまで育ててきた杉の木を切らなくなった。杉の木を切らなくなって、春先、クシュンクシュンが始まったんです。スギ花粉症です。私がいつも出かけている長野県のスキー場にはあっちこっちに杉林があるのですが、春になると杉林は花粉の嵐ですね。真っ黄色のスギ花粉が、桜吹雪のように帯をつくって風に流されて散らばっていきますから、全国で花粉症が多発すると言うのです。

その話を桜井先生のところで伺っていたんですが、本山さんの『売られ続ける日本、買い漁るアメリカ』の冒頭にもそのことが書いてあったんです。今は私もスギ花粉症で、正月過ぎから桜が咲く春まで、毎日毎日、クシュン、クシュンで、夜も熟睡できず、外出するときは、昼間は帽子をかぶってメガネをかけて、マスクをして、どこかの銀行に押し入るような姿です（笑）。

皆さん考えてみてください。木造建築3階建てが認められたけれども、2階建てでも震度7で倒れるという実験結果が出ているんです。3階建てにしたらどうなるんだろうという話を建築屋さんに言ったら、今から何年か前に建てた木造3階建てはみんな下から腐っていると言うのです。木造3階建てを建てた方はいますか（笑）。早速、家に帰って……。

コマーシャルでは「2世代住宅」とか言って、親子とお孫さんまでが一緒に住める家を勧めていますが、あれは、見ようによっては、お孫さんと一緒に住みたいおじいちゃん・おばあちゃんに家を買うお金を出してもらおうという筋書きではないかと思うのですが、皆さん、いかがですか。お孫さんと一緒に暮らすのは理想ですが、そのために木造3階建てを建てるというのは、その前にちょっと建築士に相談した方がいいかと思います。

会計の話からずっと離れて申し訳ありません。でも皆さん、すいません、もう少し脱線させてください。

構造計算の偽装問題の新聞記事がどんどん出てきたとき、業者はどこでしたか。東京のマンションの構造計算なのに九州の業者でした。なんで九州の業者なのかご存じですか。

マンションなどの構造計算はかつては官がやっていたんです。官に専門家がいてやっていたのを、規制緩和で官から民へという流れで民間に移して、今、半分ぐらい民間が担当しているらしいです。で、民間に移した途端に何が起こったか。価格競争です。安ければ安いほどいいということになりました。

今までは構造計算で2カ月かかったのが2週間でオーケーだと言うのです。かつて官がやっていたときは、全国一律料金でやっていたんです。どの町でも構造計算は単一料金でやっていたのが、価格競争をやっていますから、一番安いところへ依頼は集中します。しかも、2週間でやると言うんですから、ほとんど計算しないようなものかもしれないけれど（笑）、九州の業者が一番安く価格設定したかららしいんですよ。

というと、規制緩和で何が起きているのか。一つは、決して予定していたんではないんでしょうけれども、悪い方向へ悪い方向へと流れていったのかと思います。

日米規制改革イニシアティブ報告書で言われている話の中に、司法試験改革、公認会計士試験改革が出ております。今週月曜日、公認会計士試験の結果が発表になったんです。表向き3000人ほど合格と言うんですけれども、実際は1300人合格なんです。表向きと実質とどう違うかというと、今年初めて受けて受かった人たちが1300人ぐらい、合格率は8.5％。

その前の年に受けた人たち、その前に受けた人たちが大量に溜まっていて、その人たちは2次試験を受けて最終試験を受けてないんです。今年からは最終試験しかない。1回しか試験がないんです。なぜか。アメリカにそうしろと言われたんです。公文書にちゃんと書いてあります。

「アメリカが（試験は）1回だから日本も1回にしろ」と書いてある。

今までですと1次、2次、3次と試験があったんです。1次試験は教養試験だから大学生や学卒は受けません。2次試験が本番みたいな試験で、2次試験に受かったら、あとは司法修習生と同じように公認会計士の教習所みたいなのがあって、そこに通って実務経験を積んで3次試験を受ける。けれど去年受かった人たちは3次試験を受けるまでに3年待たなきゃいけなかった。でも、今年受かった人たちはこれで終わりなんです。

それはあまりにもバランスが悪いというので、過去に受かった人でまだ最終試験を終わっていない人もいっぺんに試験をやっちゃったんですね。その人たちが最終試験で合格という認定を受けて、表向き3000人、実質1300人ほどを合格にしたのです。例年の合格者は650人かそこらでしたから、監査法人などに就職できない人が数百人も出たのは当然です。

司法試験改革の流れをずっと見ていて、日本も訴訟社会になるのかなと思っていたら、実はアメリカから「訴訟ですべてを解決する社会にするように、水面下で取引をして解決するんじゃなくて、表立ってやるように」、と言われたんです。そのためには裁判官が必要だし、弁護士も必要だ、ということなんですね。

「じゃ、会計士は？」と言えば、M&Aを盛んにやるためには会計士が必要なんです。そこからもう一歩、『不思議の国の会計学　アメリカと日本』という本を一昨年出したんですが、この本の中の冒頭に書いたことが「いずれ日本の公認会計士試験も英語で行われるようになる」ということでした。

司法試験改革もアメリカの都合

違うと思いますか。今、大会社は日本の監査法人が単独で監査はできません。必ず外資、というよりもアメリカの会計法人と共同で仕事をしています。日本の公認会計士達が知識として持っているのは、日本のかつての商法、いわゆる大陸法で勉強して会計基準を勉強して資格を取ったんです。しかも、日本語で。

今、アメリカの会計基準とヨーロッパの会計基準との違いをならして（コンバージェンスと言います）国際会計基準にしようとしているんです。そのとき、彼らの言い分は、「日本の会計士が勉強したのは大陸法だろう。日本語で教育を受けているんだろう。ソニーとかトヨタの監査は、これは国際的に活躍している会社なんだから国際的な会計基準でやる。だったら、日本の会計士の資格は使えないね。あなた方が持っている資格でやろうというなら、日本でだけ活躍し日本でしか資金調達しないローカルな会社をどうぞ。グローバルな会社は我々がやるから」ということです。そういう時代になれば日本の会計士試験も英語で行うことになると思うのです。

このところいくつかの会社が取締役会とか役員会を英語でやっています。日産はゴーンさんがいるから当然かもしれませんけれども、多くの会社が取締役会に外国人を入れる。途端に英語でしか話ができなくなる。文書は全部英語で、議事録も全部英語で残す。いずれ会計士がアメリカから来るようになると、「私は日本語は読めないんだよ、全部英語にしてね」ということになりませんか。

公文書は全部英語というと、「取引の契約書も英語で頼む」という世界になってくる。これから会計をやるときには、英米法中心、コモンロー中心でやっていきます、書類も全部英語です、大陸法は使いませんよ、となる。そしてついに、会計士の試験も国際会計基準に従った試験をやってもらいますよ、ということになるのではないでしょうか。

本山さんが心配しているんですけれども、その次に出てくるのは何か。仮に「国際会計士」と言っておきましょうか、日本の中の会計士を日本会計士と国際会計士に分けるとすると、国際会計士を養成する大学については、これはたぶん英米の審査機関が日本の大学を審査してくると思うんです。

今でもイギリスとかアメリカの大学では、ここの大学の何々学部を出ると本番の会計士試験のこの科目を免除、これを免除と決まっているんです。どこでもいいわけではない。認定を受けた大学で教育を受けると、この科目は免除、この科目も免除と決まっているんです。たぶん日本もそうなるでしょう。

そうすると、日本のある大学で監査論と何とか授業を受けて「優」を取ったら、監査論の試験は免除ということになるのでしょうか。そうなるときっと授業は英語でなきゃいけない。さて、困るのは教師です（笑）。監査論担当で英語が駆使できる教師といわれてもそうざらにいない。そうなったらどうなると思いますか。外国から来ますよね。アメリカから、イギリスから日本の大学の教壇に立つ人たちがどんどん来る。我々は失業します（笑）。

弁護士の世界も国際弁護士というのが今、でき上がってきている。国際間の紛争を担当するような弁護士であれば、日本の法律を知っていてもだめなんですね。すると国際法専門の弁護士が必要になります。英語で教育を受けて、英語の試験を受けて、国際法に通暁してと、そういう条件がつけられてくる。そうすると、日本の資格というのはいったい何になるのだろうか。

実は、資格についてはアメリカからずいぶん言われているんです。日米規制改革イニシアティブ報告書の中で、日本の司法試験を改革して弁護士を大量に養成すること、会計士も毎年3000人ぐらい合格者を出すこと、と。試験制度を簡素化しろというのはすでに言われたけれど、その次、もしかしたら試験を英語でやれと言われるのかと、そんな気がするんです。

では、なぜアメリカはこうやってありとあらゆることに口を挟んでくるのか。会計で言いますと、つい何年か前に、日本の企業が作成する英語の財務諸表にレジェンド（legend）をつけさせられることになりました。日本の会社が作成したアニュアル・レポートにはレジェンドを書く。何て書いてあるか。警告文です。

「ここに出てくる財務諸表は日本の会計基準に従って作成されたものであって、国際的な基準に従ったものではありません」と書かれている。それを読んだ英米の投資家は何と思うか。当然、日本の会計基準など知りませんから、英米の基準、つまり自分達の基準に従ったものではないと書かれたら、信用できないじゃないですか。すると、そんな会社の株は買えないなと、そういう反応が出てくる。日本の会社はそれが怖いから、何とかレジェンドを書かずに済ませたい。

そのためにはどうすればいいかというと、アメリカ基準に従って作成するか、日本の会計基準そのものを変えてアメリカ型にするか、どっちかしかないんですね。

「創造的」会計と「大きな風呂」会計

ということでアメリカ型の基準がどんどん入ってきた。数え切れないほど入ってきたんですが、かつての商法は、非常にうるさい会計規定をいっぱい設けていたんです。あれやっちゃいけない、これやっちゃいけない、これもだめ、あれもだめと言ってきた。

今の会社法は、会計に関してはどうぞご自由に、というところがあります。会計の側が何も要望していないことまで「やっていい」と書いてある。例えば、包括利益というのは日本の制度にないんですが、そういう制度を設けたら包括利益でいいんですよと、そういう書き方をするんです。

「そんなことまで書かなくていいじゃないか」と会社法を起草した方々に言ったら、「いや、我々としては、会計で何かをやろうとするときに、会社法に書いていないからだめだと考えられたら困る」と言う。英米的な発想ですと、書いてなければやっていいんですが、書いてないとやれないというふうに誤解されちゃ困るから、やれることは全部書いておくんだと、そういう説明でした。そうではなくて、きっとこれもアメリカに言われてやっているのではないかと思います。

邪推でなければいいのですが。

　話は戻りますが、なぜアメリカが日本にあれこれとうるさいことを言うのか。ＷＡＳＰという言い方をご存じですか。アメリカのトップ階級の人たちはＷＡＳＰかユダヤ人です。政治的にも経済的にもトップのグループというのは、ホワイト（White）で、アングロサクソン（Anglo-Saxon）で、プロテスタント（Protestant）の人たち。この人たちはイギリスから渡っていった人たちの子孫ですけれども、その人たちが社会のトップ構造を握っている。

　ブッシュさんまでの歴代大統領はみな白人ですが、プロテスタントでなかった人はたった一人しかいない。ケネディ大統領です。だから殺されたんだという話もありますが、ケネディさんは生まれもアイルランドで、カソリックだったんですね。あのとき初めてカソリックの人が大統領になったんです。その後、ジョンソン大統領も、もともとカソリックだったけれども、プロテスタントに転向して大統領に当選しています。

　そのＷＡＳＰが社会を牛耳っている構造になっていて、アメリカの会社で出世するのは条件がいくつかあるんですね。ＷＡＳＰであって、経営大学院を通ってＭＢＡ（経営学修士）コースを終わっているか、あるいは弁護士か会計士の資格を持っていること。

　日本とはちょっと違います。日本は技術系の方々がどんどん上に行きますね。アメリカの企業社会では、技術系の方々はあまり上に行かない。ほとんどがＭＢＡコース出身者、会計士とか弁護士の資格を持っている人たちが上に上がっていく構造になっている。

そのWASPですけれども、長い間トップに君臨していて、アメリカの構造で言うと、下の中間層のカネを吸い上げてきました。何かあると、上の方は財産をため込んで外国に逃げちゃう。エンロンのときもそうでした。最近、アメリカの中産階級が貧困化してきたとか、中間層が減少してきたと言われています。アメリカの場合、私達と違って、会社を替わっても年金はポータブルですから自分で次の会社に持っていきます。その年金の資産は自分で運用するんです。年金を株式で運用する方が非常に多くて、ある意味ではみんなが株主なんです。

だから株価が下がってくると老後の資金に困るような人たちなんですが、その人たちからの搾取がだいたい終わって、中産階級にカネがなくなってきて、WASPやユダヤ人の人たちが「次にカネのあるところはどこだ?」と探し回っているんです。「アメリカ国内からはたっぷり吸い上げた、次にカネのあるところはどこだ?」となると、日本とかヨーロッパしかない。特に日本の企業が持っている不動産と個人が持っている1400兆円の金融資産、これは非常に魅力的です。しかも、日本人は大甘ですから、皆さんアメリカ大好きなんですね。皆さんの財布にアメリカが手を突っ込んでいるというときに、笑顔を振りまきながら「ウエルカム・トゥ・ジャパン」とか「ナイス・トゥ・ミートユー」と言って手を差し出すのですよ。私もアメリカ人になりたいです(笑)。

アメリカ好きな国民性についてアメリカはよく見抜いていますから、日本にいろいろな要求をしても全部受け入れるだろう、と。受け入れる前から、何も言われないのに日本で勝手にアメリカに好まれようとしていろいろなことをやる。会計の改革なんかも、まさにそのとおりやっているんじゃないかなと思うんです。

アメリカの「クリエイティブ・アカウンティング」

アメリカの会計の話をします。アメリカにはなかなか魅力的な言葉があるんです。「クリエイティブ・アカウンティング」(Creative Accounting)、創造的会計と訳しますね。ルール違反スレスレのテクニックを駆使して利益をでっちあげるのです。要は、粉飾決算です(笑)。確かにクリエイティブなんです。ほかの会社がやらない手でやる。同じことをやるとすぐにばれちゃいますから(笑)、ほかの会社がやらない手をつくり出してきて自分の会社の中で取り込んでいく。

ビッグバス(Big bath)会計というのもある。大きな風呂に決算ごとドボンと漬け込んで、あらゆる垢を落としちゃうんですね。きれいにする。それだけだったらどうってことはないんですが、そのとき実は余計なものも落としちゃう。何をやっているかと言うと、今年はこれで思い切り損失を出して、次の年にあれは間違いだったと全部(特別利益として)戻す。そうするとV字回復できるわけですね。その手で一番便利だとして使ったのが減損会計です。

たぶん皆さんは、減損会計にそういうダーティーなイメージを持っていないと思うんです。減損会計は当たり前だ、バブルのとき買って高づかみした土地は、10分の1に値下がりしているんだから当然、損失があるはずだ、ウミを出すのは当たり前だ、とお考えだと思うんですが、まじめすぎるんですね（笑）。日本ではそうとらえていますけれども、アメリカではそんなとらえ方はしません。

アメリカではどうやったか。例えば１００万ドルの土地を買ったとしますね。何年かたって、今でも時価１００万ドルぐらいする。そしたら使い道を変えることにするんです。すると評価額が変わりますから、工場を建てるつもりで土地を買ったけれど、これをやめて従業員の駐車場にしよう、駐車場では収益を生まないから土地の値打ちは30万ドル程度だな、とするのです。そうしますと含み損が生まれます。そこで当期末に土地を30万ドルに減額して70万ドルの評価損を計上するのです。次の年、この土地を売るんです。簿価30万ドルの土地が、１００万ドルで売れます。前の年は70万ドルの赤字だった。次の年は売却益が70万ドル出ますから、（１４０万ドルの）Ｖ字回復ができます。

いろいろな会社がこれをやったんです。Ｖ字回復を演出するために、不動産を使った。しかも、名前が減損。何も減損なんか発生していないんだけれども、それをさんざん悪用した。アメリカのSEC（証券取引委員会）が、こんなことを続けていたらアメリカの経済界がダメになると心配して、減損処理をやめるように減損基準をつくったんです。アメリカの基準は、過度の減損処理をやめさせるために設定した基準です。皆さん、誤解していませんか（笑）。

時価会計も減損会計もご都合主義

私の得意な時価会計の話もちょっとさせていただきます（笑）。アメリカが時価会計を導入した直接のきっかけですが、あの当時は原価主義の時代でして、S&Lという中小金融機関が、規制が緩和されたために不動産に投資していい、有価証券に投資していいと自由化されたんです。片一方で金利も自由化されていますから、高金利でお客さんのおカネを集めておいて株式投資をどんどんやっていったわけです。

原価主義の時代を思い出してください。値が上がったものは売って利益を取る、値が下がったら塩漬けにしておく。原価主義ですから損は表に出ませんから。そうすると、損は出ないので、利益だけ出てくる経営をしばらく続けていたら、資産側はぼろの有価証券しか残っていなくてみんなバタバタ破綻した。

あのときSECが何と言ったか。「有価証券を買ったら時価評価させよう」と。ここまではわかるんです。「原価主義だったからまずかった、時価主義にするぞ」ということでした。本音は違うんです。「株なんか買うからそういうことになるので、国債を買えばいいんだ。国債は買ったら従来どおり原価でいい、株を買ったら時価評価だぞ」と脅かしたのです。

金融機関はどうしたか。株はやめようということになりました。株を買ったら時価会計を適用されるから国債を買おう、と。アメリカの金融機関はみんな株への投資を引き上げて国債に投資するようになった。国にしてみたら、万々歳ですよね。国家としては、国債を印刷すれば、金融機関がどんどん買ってくれる（笑）。

アメリカが口を挟んできたのは、やはり日本のカネが欲しいからなんです。では、粉飾決算とか、アメリカの侵略に対してどういう手が打てるのでしょうか。会計士協会にホットラインができました。内部告発でも何でもいいんですが、受け付けるようになっています。監査法人もそういう窓口ができました。自分が監査している会社の従業員からの内部告発を受け付けるようになっています。

でも、会計士協会も監査法人も異口同音に言っていることは、「内部告発を受けても個別の返事はしません」と。「会計士協会にホットラインができてから何件ぐらい内部告発がありましたか」と聞いても、「言えません」と。つまり、受け付けたかどうかさえ教えてくれない。どう反応したか、どうしたかも言わない。これは結局、受け付けないというのとほとんど変わらないんじゃないかと思います。

これで本当の対応策になるのか心配ですが、監査責任者のローテーションというのもある。一つの監査法人の中で、ある会社の今までの監査の責任者を別の人に替える。別の人といっても、同じ法人の中だから機能しない危険が大きいですよね。

監査法人ごと替えればいいじゃないかというのがアメリカ式ですが、アメリカの例を見ていると、監査法人を替えると会計士も一緒に替わっていく(笑)。A社の監査をX会計事務所が担当していたが、10年以上もたっているから事務所をY事務所に代えようという話になったとします。すると、X事務所にいたA社担当の会計士がごそっとY事務所に移籍するんだそうです。癒着やなれ合いを防ぐために監査担当事務所を代えても、「さけの缶詰」のラベルを「ますの缶詰」に張り替えるようなもので、こっちの方がよほど悪いんじゃないかと思います。今まで監査をやっていた人たちがそのままごろっとチームを組んで別の監査法人に移っていって、今までの会社の監査をやると言う。これで対応策になるのでしょうか。

アメリカが日本を侵略してきたことについては、私達がアメリカのことをもっと正しく認識することが第一歩かと思うんです。日本のことについて言いますと、この間、千代田区を歩いていましたら、路上禁煙のポスターがありまして、こんなことが書いてありました。

「路上禁煙という厳しいルールができました。罰金もあります。厳しいのは条例ではなく、モラルをなくした現実です。」と書いてあったんです。たぶんアメリカも日本もそうなんですが、モラルが死語になっているかもしれない。

私達自身も倫理を回復するのにどうやったらいいのか、これからみんなで知恵を出し合って考えていく必要があるんじゃないかなと。今日は時間どおりに終わらせていただきます。どうもありがとうございました。（拍手）

質問　初歩的な質問で申し訳ないですけれども、今、日本で減損会計をやっています。今度、時価が上がってきた場合の会計はどういうふうになるんですか。

田中　なかなか良い質問だと思います。私もそれは問題だと思うんです。

減損会計というのは、資産の収益性を評価するんです。この土地を持っていて、例えばこれから20年間に何万円の収益が上がってくるのかという金額と、買ったときの金額を比較するんですね。今の環境で評価して評価損を出しちゃうんですけれども、減損会計では、その後に時価が回復しても、一度計上した減損損失はもう一度戻すことはしないんです。

「なぜ戻さないのか」と聞いたら、「それは会社の事務が面倒になるから」だそうです。会社が面倒かどうかなんて、会計基準をつくっている人に関係ないじゃないですか（笑）。一度計上した評価損益を包括利益として報告し、その後実現したときにあらためて実現利益として報告することをリサイクルと言うんですけれども、一度、評価損を出したら、アメリカは戻しても構わない。日本は戻さない。戻しちゃいけないことにしています。

でも、それはおかしいなと思うんです。戻しちゃいけないなんていう論理はなくて、原価の中で時価が回復してきて収益力が上がったら、戻したって構わないじゃないですか。でもリサイクルしない理由はちゃんと基準に書いてあります。「会社の計算が面倒だから」と言うんです。面倒かどうかは会社が決めることであって、基準委員会が決めることではないと思うんですね。返事になっていましたか。私も疑問に思っています。

質問　有益なお話、ありがとうございました。ＳＯＸ法（エンロン後に成立した「企業改革法」、サーベンス・オックスレー法）のことです。日本も日本版ＳＯＸ法に基づいていろいろなことをやっていますね。あれはどういうふうにお考えでしょうか。内部統制です。

田中　ずいぶん昔ですけれども、私が大学で習った早稲田の佐藤孝一先生の話では、「内部統制の前に内部牽制というのがある」と。たぶん日本は内部統制のちょっと前、内部牽制がきいていない社会という気がするんです。

つまり、先ほどの、会計がわからんで経営ができるかという稲盛さんのあの本（『稲盛和夫の実学』日本経済新聞社）にも出てくるんですけれども、何をやるんでも二人でやるように、と。稲盛さんのときはちょっと時代が古いので赤電話の話が出てくるんですが、赤電話に溜まった10円玉を会社の担当者が回収するとき、一人ですると、「あいつ、ちょろまかしたな」となるわけですね。

「疑いを持たれないようにするには、二人で行ってこい。これは従業員のためだ」というわけです。信用していないんじゃなくて、一人でやったらいつも疑われる危険を持つ。二人でやれば共同責任というか、一応相手がチェックしていますから正確に計算できる。それが会計の基本だと言うんですね。

商品を売っても仕入れても書類を何枚も書きますね。1枚の書類ということはないと思うんです。注文伝票にしてみても、見積書から最後納品書までついていて何通にもなっています。それを一人が管理していると意味がないですね。バラバラにして管理すると、「おまえ、何を発注したんだよ」ということになります。この間の株式の発注ミスもそうですけれども、一人で発注しているとああいう誤解が起きるんです。

「何十万株を1株1円で」という錯覚をしてしまうので、二重にチェックするシステムをつくれと言うんですけれども、それは内部統制以前の問題で、日本はまだ内部牽制をしっかりやる必要があるのかなと思います。

日本の企業がある程度まで自浄作用を持っていた時代はいいんです。私は転勤を経験していませんけれども、転勤というのは、ある意味で身ぎれいにしていなければ次に移れません。そういう意味では、転勤というのは日本的であっても、あれは非常に良いシステムなんだろうなと思っているんです。

あれも一種の内部統制の機能を持っていると思うんです。内部統制は必ずしもシステム化できない。最近、アメリカでは、カネがかかりすぎるものですから、やりすぎた、少し抑えようかという話も出ているんですが、たまたま日本の監査法人はいろいろな事件を起こして評判を思いっきり落としたんですけれども、内部統制の仕事で復活している。自分の会社の内部統制のシステムをつくってもらうには、研究所みたいなところか監査法人しかないですね。そういうところにしかつくってもらえない。

今、公認会計士の先生方が異口同音に言うのは「人が欲しい、人が欲しい」と。内部統制がらみの仕事はどんどん来る。でも、内部統制自体については、急に出てきた話で自分達もシステムをつくっていない。だから、今からやらなければいけないけれども人手が足りない。日本にどこまで定着するかは、私は知りません。ただ、内部統制以前の内部牽制がまだ十分ではないような気が私はしているんです。

会計士の方と話していますと、どうも監査法人自体が内部統制どころではないように感じます。監査法人の中に、監査第1部門とか監査第2部門とか、たくさんの部門があるそうですが、お聞きしていると、第1部門の会計士は第2部門が何をしているか、どんな案件・問題を抱えているかはよく知らないといいます。噂くらいは耳にするそうですが、悪い噂を聞いたからといって口を挟むことはタブーだと聞きました。へたに口を挟むと、自分の部門が攻撃されかねないからだという話でした。何のことはない、お互いに目をつぶり合っているということではないでしょうか。

質問　良い話をありがとうございました。ビッグバスというお話をされたときぱっと思いついたのが日産自動車のV字型回復なんですけれども、すごく赤字を出して、翌年、経常大黒字ですね。あの辺なんか会計的にはどういうふうにお考えになっているんでしょうか。

田中　オフレコでしたらいいんですが。講演録が出るそうなので（笑）。必ずしも日産ということでなくお話しすると、あの時期、結構いろいろな会社がやっていたみたいですね。V字回復というのは、本当は簡単にできるものではないのです。ある特定の業界が全体に成績を落とした時期があったはずです。そういうのはみんな準備していたんです。次の年に全部の会社が回復しましたから。
景気がどん底でしたから、赤字を2倍にしたって特別、世の中の指弾は受けない、どうやら隣の会社も赤字を相当増やすみたいだし、と。そういう雰囲気で皆さん、減損だけではなく、引当金を多めに積んでみたり、棚卸資産の評価損を思い切り出してみたりしてその年を大赤字にして、次の年、V字回復した。
V字回復でも何でもないんです。普通の年だったんです。2年前と同じ利益ですから。ただ、去年と比べると上がっているというだけで、本当の利益がドンと上がったわけではない。

浅野理事長　今日は会計の話だけではなくて幅広く伺いました。伺っていて、建築士の国際的な評価も、日本の建築士はアングロサクソンの標準からは認められないということで、日本のゼネコンが外へ出ていって仕事をしようとしても、彼らにしてやられているという話があります。アメリカに従順すぎるのもいかがかと思いますね。
そういう意味では、大陸のヨーロッパにもう少し学ぶべき点とか、連携をとるとか、そういうこともどんどんやっていくといいのではないか。などというと、またしゃべりたくなるんじゃないですか（笑）。

田中　それでは、理事長の誘い水をいただいたので、30秒だけ（笑）。長渕剛という歌手はご存じですか。結婚式に行くと、「乾杯」を皆さん歌うじゃないですか。あの長渕さんが作った最近の曲に「俺の祖国日本よ、どうかアメリカに溶けないでくれ」という一節があるんです。あれを聞いたときには、「長渕にまで言われちゃうのか」と思いましたけれども（笑）、ぜひ日本の独自性を発揮して、アメリカに溶けないように、私も頑張ります。ご支援ください。今日はどうもありがとうございました。

浅野理事長　それでは今日はこれで終わりたいと思います。（拍手）

第3講　国際会計基準（IFRS）と日本の国際会計戦略

（経済産業省　2009年3月9日）

第3講は、経済産業省経済産業政策局における講演（2009年3月9日）をベースとして、産業経理協会、経済同友会、企業活力研究所などで行った講演の内容を反映したものである。日本では、金融庁企業会計審議会からIFRSの適用について「連結先行」と「強制適用」を内容とする中間報告が出されて、「コンバージェンス」（国際会計基準と日本基準の大きな差異を小さくするアプローチ）から「アドプション」（日本基準を捨てて国際会計基準に完全に移行するアプローチ）に踏み出した時期である。

IFRSの『世界支配』

今日のテーマは「日本の国際会計戦略を考える」という少し大きなテーマです。日本は政治家も官僚も会計について臆病なところがあるように思います。他の国ではどうでしょう。例えばアメリカでは、何か会計の大きな問題が起きると必ず大統領（当時）のブッシュが出てきて「腐ったリンゴは（樽の中の）1個だけだ」とか「ストックオプションの費用計上なんか認めない」などと言う。フランスではシラク大統領が「時価会計などけしからん」と堂々と言っている。日本の総理大臣や財務大臣がそんな発言をしたのを聞いたことがありません。

なぜそうなのか、一つには日本の政治家が「会計の問題はテクニカルな問題だから専門家に任せておけばよい」と考えているからで、もう一つは「会計問題に政治が介入すると汚くなる」というイメージを政治家自身が持っているからだと思われます。政治家が会計について少しでも発言すると必ず新聞が叩く、「会計問題に政治が口を挟むとは何事か」と。

ところが会計というのは国益や産業振興に最も密接に結びついている。国は会計を使って産業を起こし、会計を使って税収を確保することができる。例えば日本みたいな確定決算基準、つまり税制と会計制度がリンクしている国では、税金を増やすための一つの手段は会計に手をつけることなのです。会計の基準を少し変えれば税収が変わってくる。どうも日本はそういうところの認識が希薄なのではないかという気がします。

最近、新聞で報道されていますが、日本も国際会計基準をアドプションするようです。ただ採り入れ方が微妙なのです。つい最近までコンバージェンスという言葉が使われていました。コンバージェンスというのは、国際会計基準と各国の基準との間にある大きな差をならしてできるだけ差を少なくしていこうということです。

このコンバージェンスを世界中が進めてきて、多くの国が採用するとか容認するとかという話になってきました。最後に残ったのが日本とアメリカでした。アメリカは自国の会計基準が世界で最も厳格で先進的な基準だから、「国際会計基準なんて、そんなものは使えない」という思いがあったと思います。

そもそも「国際会計基準」というネーミングは巧妙で、中身は実はヨーロッパ基準です。ヨーロッパにしてみたら、自分達がつくった会計基準で作成した連結財務諸表をニューヨーク証券市場で認めて欲しいと思っている。修正なしに受け入れて欲しいと願っているときに「ヨーロッパ会計基準」ではアメリカを説得できない。それで「国際」という名をつけて国際会計基準にした。我々こそが国際なんだと盛んに訴えるのです。一方、アメリカは、もしも国際会計基準が国際基準になると、アメリカの基準はローカルな基準になってしまう。そこで我々の基準の方が進んでいるのだからと盛んに言ってなかなか国際会計基準を受け入れようとしなかった。

もう一つの国日本も同じような論理ですが、日本独自の経済環境や経営の考え方があって、そんなに簡単に国際基準は受け入れられない。しかし、コンバージェンス、つまり大きな差をなくそうということだけはやってきました。ところが、昨年の春先ごろからアメリカの態度が少しずつ変わってきて、コンバージェンス（国際基準と自国の基準の大きな差異を小さくするアプローチ）ではなくて、アドプション（自国の会計基準を捨てて、国際会計基準に完全に移行するアプローチ）の方に向かい出した。そこでどうやら最後に残されるのは我々ではないかということに日本は気づいたわけです。

アメリカが会計基準をアドプションするのであれば我々もその方向に向かわざるを得ないだろうということになり、1月末（平成21年）に金融庁が観測気球的に中間報告案を出しました。政界や財界などから、国際会計基準に変えろと言われているが、実は国際的対応をどうするかについてはもう腹は決まっている。しかし一気にそうは言えないので観測気球的に「やりたいと思うのですがいかがですか？」というような報告書案を出しているわけです※。

※　平成21年1月に、金融庁企業会計審議会企画調整部会から「我が国における国際会計基準の取扱いについて（中間報告案）」が公表され、同年6月16日に正式の中間報告が公表されている。

アメリカが自国基準を捨てる？

日本が国際会計基準をとる前に知っておくべき予備的な話があります。それを知ってないと、国際会計基準を採り入れた場合、日本の会計がどうなるのかについてなかなか理解できないと思います。そのことについてお話しします。

まず一つは、なぜアメリカが自分達の基準を捨てざるを得なくなってきたか、その背景です。もう一つは国際会計基準の使われ方です。国際会計基準というとすごく進んでいて純粋理論的に出てきたような印象を与えますが、実はそうではなくて、各国との駆け引きを何回もやった結果国際基準としてなんとなく落ち着いているのです。完全に落ち着いているわけではなくて、いつもあちこちを手直ししていますから、ムービング・ターゲットなどと言われています。制度としての安定性が問題視されています。

現在110カ国が国際会計基準をアドプションするか許容していると言われています。しかし中身を検証してみると結構怪しげです。国際会計基準（IFRS）と言いながらヨーロッパが使っているのはヨーロッパ基準（EU－IFRS）です。世界中で110カ国が国際会計基準を使っていると言いながら、実は実際使っているかどうか誰も検証してない。検証する機関もない。

使うと言ってもいろいろなレベルの使い方があります。果たしてその110カ国に証券市場はあるのか、上場会社があるのか、どこの市場に上場しているのか、公認会計士制度があるのか、監査はどのレベルで行われているのか、それも曖昧です。

国税庁長官をしていた大武健一郎さんが中国のマーケットについて話をされています。中国には会社が800万社あるが、その中で複式簿記を使っているのは40万社しかない。5%のみ。あとの会社はどんぶり勘定だといいます。40万社は帳簿があるので税金をかける際に確定決算的な考えがとれるが、あとの会社は帳簿を基にした課税などはできそうもないですね。日本もつい最近までそうでした。「玄関の間口がいくらで奥行きがいくらで」というやり方です。

とにかく中国はそういうやり方でないと税金が集められない。しかも遊牧民族や狩猟民族もいて、沿海部では居住地も日々変わるので、戸籍もはっきりしてない。ここでは、会社の登録制度もないので会社が移動したら課税ができない。

我々日本人はどこの会社でも帳簿があって、複式簿記になっていて、コンピュータにデータが入っていて、というふうに想像しがちですが、そんな国はほんの一握りです。国際会計基準を使っていると公言している国がいっぱいあるようですが、そうした国としては、人口3万人、30万人の国もあります。

果たしてそうした国に公認会計士がいるでしょうか。公認会計士がいなかったら監査はどうなっているのでしょうか。そういう国まで一応国際会計基準を使っているということになっています。国際基準と言いながら実はそうではないのかもしれません。そのあたりはよく調べてみないと本当のところはわかりません。

原則主義で会計ができるか

国際会計基準は「原則主義」という考え方をとっています。ルールは極力少なくという考え方です。アメリカの会計基準は2万5000ページあるそうです。国際会計基準は2500ページぐらいです。日本も4500ページ程度です。イギリスの会計基準は主要な部分だけですと、600ページくらいで、基準らしい基準はほとんどなくて、「ルールはほんの少しでよい」、「会計のスピリッツに合わせて各企業が会計基準をつくり出していけばよい」という考え方をとっています。国際会計基準はそのイギリスの考え方をとっているのです。アメリカや日本のような「細則主義」ではなくて「原則主義」です。

原則主義をとるのは、原則ではどの国も賛成できるが細かい基準になるにつれ反対が出てくる、だから細則はつくらない、原則だけ約束してあとは自由にどうぞという世界をつくりたいからです。だから国際会計基準を使っているという国がどういう使い方をしているのか実はわからない。

原則主義というのは、三つぐらいのルールでゴルフをやるようなものかもしれません。三つのルールでゴルフをする場合、1番目のルールは、「ゴルフのボールは、アメリカ製を」、2番目のルールは「ゴルフの道具は、イギリス製を」ということかもしれません。

3番目のルールはたぶん「フェアプレイでやれ」ということでしょう。フェアという感覚がある英米人にはそれでゴルフができますが、日本人にはフェアプレイという感覚はないので、さてどうしたらよいのだろうということになる。こと、会計に関しては、アメリカ人も、細則主義に慣れ親しんできましたから、いまさら「原則主義」と言われても、実務は動かないでしょう。

三つしかないルールでゴルフやれと言われたら、アメリカも日本も、昔のルールを思い出してそれを使おうとするのではないでしょうか。会計の場合、昔のルールを使うとなると細則主義に戻ってしまうことになります。アメリカの企業が会計のルールは三つしかないと言われてしまうと、きっと昔はどうしていたかなと2万5000ページのルールブックをめくり出すのではないでしょうか。そうしたら、細則主義に戻ってしまうわけです。それでは各国の実務がバラバラになってしまうでしょう。

各国の実務がバラバラになるのだったら、何のために国際会計基準を大騒ぎしてつくったのかわからなくなる。そのまま行ったら国際会計基準が崩壊する危険が出てくる。裏で離脱する国がいっぱい出てくるかもしれない。かなりゴリ押ししてつくっているところがあるので、その部分でもかなり問題になってくる。たぶんまずヨーロッパから火の手が上がるのではないかと思います。

ニュー・レジェンド

そうは言っても国際会計基準がすぐになくなるわけではありません。しばらくの間は使われると思います。そうだとすると日本はどう対応したらよいのか。崩壊する危険があるのに、それにどっぷり浸かるのは政治的にも経済的にもロスが多い。だったら両睨みでいくしかない。つい最近まで日本の企業が作成するアニュアル・レポートにはレジェンド（警告文）を書かされていたのをご存じだと思います。「このアニュアル・レポートは日本の会計基準で作成したものであって国際的な会計基準でつくったものではない」という警告文を書かされてきたのです。

もしも国際会計基準になったら、たぶん、「このアニュアル・レポートは日本のローカルな資格の公認会計士が監査したものであって、国際的な会計士が監査したものではない」と言われると思います。第2のレジェンドです。何でもよいのです。そのつもりになればいくらでも注文をつけられますから。ローカルなものであるという一文を書かされたら、結局レジェンド問題が復活してくる。

最終的にアメリカが狙っているのは、弁護士の世界もそうですが、アメリカの資格を持っている人間が日本で監査をするということです。大手企業の監査を全部自分のところに持っていきたいのです。できるならその前に日本の公認会計士の試験を英語でやっておきたい、英語であれば自分達が簡単に受かる、そういう社会をつくれば自分達が日本に入って来られるし、日本の企業をコントロールできるという読みがあるのだと思います。どうもそういう読みに日本の会計士の先生方は気づかないのか、「国際会計基準が入ってくる、これはビジネスチャンスだ」というようなことを言っている。ついこの前まで内部統制の問題で会計士の事務所はかなり稼いだようですが、今度は国際会計基準で一儲けできると言う先生方もいます。果たしてそうなのか。以上最初に全体像の話をさせていただきました。

時価評価させないためのアメリカ時価会計基準

次に個々について順に話します。まずアメリカの会計基準が今回の金融危機とどうつながっていたかです。一つは時価会計です。時価会計という基準は、アメリカがS&Lという小さな金融機関が700行ほど破綻した事件に対する対策としてつくったものです。当時は規制緩和と原価主義の時代です。規制緩和だから金融機関が持っている資金を土地に投資してもよいし、有価証券に投資してもよいということになりました。

一方、金利は自由化されているので、高金利でかなりのお客を集めて、そのお金で株と土地に投資できました。値上がりした株は売って利益を自分のものにすることができ、一方値下がりしたら原価主義だから原価のままバランス・シートに載せておけばよいわけです。しかし、そういうことを続けていると、含み損はどんどん膨らんでいくが、値上がりした株は売って利益を稼いでいるので、表面的には非常に儲けている銀行のように見えるのです。儲けている分だけで高配当できればよいが、あるときに気づくとバランス・シート上の有価証券は含み損だらけになってしまっている。それでバタバタと700行も潰れて、政府が当時の日本円で18兆円ほど税金を出して預金者を保護せざるを得なかった。

そのときに「こんな事件を二度と起こさせるな」ということで原因探しをやったところ、原価主義が原因だろうということになったのです。原価主義だったから含み損が表に出てこなかった、だから時価主義にしようということになったのです。しかし本当に「時価主義にしよう」という気持ちがあったわけではないようです。何を狙ったかというと「株に投資したら時価評価させるぞ」と脅かすことです。リスク管理が十分できない金融機関は株に投資しないようにという一種の誘導的な基準だったのです。

その基準ができたためにS&Lは、株式に投資していた資金をほとんど引き上げて米国債に投資しました。アメリカの財務省にしたらこんな便利な会計基準はないですね。今まで企業の株を買っていたのが、今度は全部米国債を買ってくれるようになったわけですから。あとは輪転機を回して国債を刷ればS&Lが買ってくれるわけです。そういうふうにつくられたのがアメリカの時価会計の基準だったのです。

そのあと、デリバティブも時価評価しようという話になって、デリバティブも時価会計の対象になりました。これも株と同様「デリバティブのようなものに手を出すと時価評価させる」という脅かしでした。だから中小の金融機関はデリバティブから一切手を引いた。アメリカの時価基準とは、そういう政策的な基準だったのです。

使わない約束の「時価会計基準」IAS39号

その基準を次にヨーロッパが採用するのです。しかし、EUは、アメリカの時価会計基準が消火基準であることを知っていますから、もともと時価会計基準をつくろうなどという話にはなりませんでした。それが、EUはヨーロッパで統一的に使う会計基準を一生懸命つくっていて、できればアメリカにもそれを認めてもらいたいと考えたのです。

ヨーロッパの企業がEUの会計基準で作成した財務諸表を、アメリカの証券市場でもそのままで認めてもらうことが狙いでした。

ＥＵの基準でつくった財務諸表をアメリカの市場で認めてもらうには二つ課題がありました。一つはアメリカとヨーロッパの基準の違いをどうするか、もう一つはアメリカにあって国際会計基準にないものをどうするか。この二つの課題を解決するためにＥＵはアメリカにすり寄る方法をとったのです。

アメリカに「時価会計の基準はヨーロッパにはないではないか」と言われ、「それでは時価会計の基準をつくります」ということになります。もう一つ「ヨーロッパになくてアメリカにある基準がいっぱいあるではないか」、「それも基準化します」と言って取り込んだところがあるのです。そのときに一番もめたのは時価会計の基準でした。アメリカの会計基準はあくまでも火消し基準で、問題が発生してそれを解決するためにつくった基準なので、問題が解決したらすぐに止めればよかったのです。

しかしヨーロッパはアメリカに時価会計の基準がある以上、何とかしなくてはいけないと考えたのです。当時、ＩＯＳＣＯ、証券監督者国際機構という各国の証券市場を監督する機関の国際団体が国際会計基準（当時は、ＩＡＳ）を認知する姿勢を示していました。ＩＯＳＣＯは、ＩＡＳを認知する条件として、コアとなる基準（コア・スタンダード）を定める期限までに設定することを挙げていました。そのコア・スタンダードの中に、時価会計の基準も入っていたのです。

当時の国際会計基準委員会（IASC）は、IASを認知してもらうためには何としてでも時価会計基準を設定しなければならなかったのです。

カーズバーグ事務局長のゴリ押し

人的問題もあったようです。時価会計の基準をヨーロッパが取り込んだときの国際会計基準委員会の事務局長だったカーズバーグと現国際会計基準審議会議長のトゥイディーは猛烈な時価論者です。その時価論者が国際会計基準委員会を牛耳っていました。

アメリカの時価会計の基準を何とかヨーロッパに持ち込もうとするのですが、「ものづくり」の国、フランスやドイツが真っ向から反対して全く議論がかみ合わない。何度も話し合ったが結局時価会計の基準はまとまらない。そこでカーズバーグは委員を全部取り替えたのです。反対する委員を全部排除して、賛成しそうな国の委員を集めて基準をつくろうとしました。結局、それでも決まらないものだから、カーズバーグが提案して「どこの国も使わないという約束」で、アメリカの基準をコピーすることにしたのです。

その経緯が企業会計基準委員会の西川郁生さんが書いた『国際会計基準の知識』（日経文庫）に詳しく書いてあります。なぜ、国際会計基準の中に時価会計が入ったのかその経緯が書かれています。

時価会計の基準はどこの国も使わないということは、暗黙の了解というわけでもなく、はっきりと基準に書かれています。要するにいろいろな国からのクレームがついた上でつくられた基準なので、「特定の産業には使えない」、「金融界には使えない」、「暫定基準である」、「3年たったら見直しをする」などいろいろ書かれています。

日本の国際音痴

そういうふうに国際会計基準委員会がアメリカの基準をコピーしてつくろうとしているのを見ていたのが日本です。アメリカの基準に時価会計の基準があって、国際会計基準にも時価会計の基準ができそうだ、しかもそっくりだ。当時橋本さんの金融ビッグバンの時代ですが、会計改革もやらなくてはいけないということで、時価会計の導入の話が出ました。そのときに、アメリカの基準も国際会計基準もそっくりだから、これが国際的な基準だと誤解したのですね。アメリカは火消し基準で国際会計基準は「使わない約束の」コピーなのに、日本は、なんと、そうした時価会計の基準をそのまま取り込んだんです。

外国にいた公認会計士が日本に帰ってきてその辺の経緯を知って驚きました。日本にはちゃんとした情報が入ってないのかと言うのです。どこの国も使わないと言っているのに、どうして基準をつくったんだ、と言うのです。経済新聞も会計学界も、こうしたことは報道していません。

もう一つその時期の事情があります。あの頃は新聞を開くと毎日のように「世界は時価会計」「日本は遅れている」と時価会計の記事ばかり載っていました。私のところに経済新聞の記者が取材に来たときにこの記事の根拠は何かと聞きますと、「何カ月か前にうちの新聞に出ていた」と言うのです。要するに先輩か誰かが書いた記事を根拠に記事を書いているわけです。時価会計が正しい、世界的にどこも使っていると言ったって、いったいどこが使っているのか何回も聞いたが答えられない。「世界中使っています」と答えるのみです。

アメリカでさえ、S＆Lが資金を国債に振り向けたあと、アメリカの時価会計が適用される場面はあったかというと、ないのです。アメリカの一般の事業会社は株に投資することはありません。アメリカの経営者が株を買うということは資金の運用を自分でできないから他人、つまり他の会社に任せるというふうにとられる。「コンピュータをつくると言うから金を出したのに自動車の会社の株を買うとは何事だ。自動車株を買うのだったら自分で直接自動車会社の株を買う」、というのが投資家の考えです。日本的に余裕資金があったから株を買って資金運用しているなんてことを言おうものなら、余裕資金があるのなら株主に配当金として払えと必ず言われます。だから一般の事業会社は有価証券に投資するということはありません。ごく一部のS＆Lか、保険会社が株を買うぐらいです。投資銀行は証券会社なので、他の会社の株を買うのは当たり前かもしれませんが、商業銀行は株に投資することはできません。

時価会計は「マーク・トゥ・マジック」

時価会計の基準をつくってしまったあとは、アメリカでは時価会計を適用する場面はなかったのです。あったのはデリバティブだけです。これが悪用されたというか、ウォール街で時価会計が適用できるような金融商品をどんどんつくった。ところがデリバティブの時価は外からはわからないので、時価評価するときには仕組み債をつくった当人に期末の時価はいくらか決めてもらうしかない。これは日本の証券会社に問い合わせても同じ答えです。普通の事業会社はデリバティブの評価はできないので、開発してもらったデリバティブについて期末の時価はいくらかを証券会社に聞いて、時価評価するしかないのです。

それを見ていたウォール街の賢い人達が、誰も時価がわからないような、でも時価会計が適用できるだけの条件をそろえた金融商品をつくればよいと考えた。誰も時価がわからないというのにです。最近、時価のことを「フェア・バリュー」という言葉で表しています。時価主義のことを「フェア・バリュー・アカウンティング」とか「マーク・トゥ・マーケット」などの言葉をよく使います。マーケットに合わせて評価するという意味です。ところが、ウォール街では、最近、「マーク・トゥ・マーケット」と呼ばずに、「マーク・トゥ・マジック」と呼んでいるというのです。手品師がつくった時価で時価評価するようになって来ているということでしょう。

つくられる「フェア・バリュー」

フェア・バリューと言っても、市場価格という意味での時価がはっきりしない金融商品の場合、「経営者が合理的と考える価格」もフェア・バリューだと言うのです。経営者が合理的と考える価格がフェア・バリューだと言うのなら、「どうぞ粉飾はお好きなように」と言っているのと同じです。誰が最後のババを引くのかわからないような金融商品が全部期末にフェア・バリューで評価されて、今回のリーマン・ショックのように最後に破裂してしまったのです。そのときに後ろから後押ししたのが格付機関でした。格付機関というと公的機関のような印象を与えるが、格付会社です。ただ単に営利行為をやっているだけ。そういうところが組み合わされると投資家も騙されてしまう。

骨抜きにされた規制機関（ＳＥＣ）

時価会計にはもう一つ話があります。それはアメリカの規制機関の問題です。アメリカの証券市場を規制しているのは証券取引委員会（ＳＥＣ）です。会計基準を設定する権限はもともとＳＥＣにあるのですが、ＳＥＣは自分達は基準を設定することはやらない。どの国も会計基準については政府ではなく民間の機関を設けてやらせている。基準づくりに失敗して叩かれるのはいやですから、他の者に基準をつくらせる。責任転嫁しているのです。

一方、議会はＳＥＣに強力な予算や権限を与えるのを嫌がります。国会議員にしてみたら規制して欲しくないものがいっぱいあるわけです。そのためＳＥＣは予算が少なく、スタッフも少ない。規制をできるだけできないようにするため予算を絞っているわけです。ウォール街と言えば、ＮＡＳＡで高等数学を駆使してロケットを飛ばしていた人たちがＮＡＳＡ縮小の際に、ウォール街に流れて来た人がたくさんいます。

ＳＥＣのような監督機関に就職するか、投資銀行に就職するか選択が二つあったとすると、どちらがいいか。アメリカの大統領の年俸は３６００万円（40万ドル）です。一国のトップにいる大統領が３６００万円しかもらっていないのですから、ＳＥＣとかＦＡＳＢに行ってももらう金はたかが知れています。それに比べて、ウォール街に行けば20歳代の若者でも機転がきけば億単位のお金を稼げます。そうすると頭の良い者はみんなウォール街に行って、規制機関にはなかなか人材が集まりません。なおかつ議会は規制をさせないために予算を削ってSECを動きにくくしておく。そうなると知恵比べをしたときにはSECやFASBはウォール街には絶対かなわないでしょう。規制を厳しくすると簡単にするりと抜けられてしまうのです。時価会計の悪用と、規制がうまく行かなかったことが今回の金融危機を招いたということです。会計のサイドから見るとその二つが原因だったのではないかと思われます。

減損処理を使ったV字回復

アメリカの場合、何か事件があると会計基準を厳しくすることで問題を解決しようとするところがあります。日本でもつい最近大騒ぎをした減損会計の基準ですが、アメリカは日本と全く違う事情で減損会計の基準をつくっています。アメリカの場合、利益を大きく報告したいがために減価償却をできるだけしない。償却不足を起こさせる。償却費を計上しないでいるから、だんだんバランスシートに書いてある金額が資産の実態を表さなくなってきます。

SECは、これは減価償却が不足しているのだから減価償却費を全部出すようにと言って減損処理をさせてきました。要するに減損処理の対象は償却性資産がメインだったのです。経営者の方は償却不足のあとに減損をうまく使うとV字回復できるということに気がつきました。償却不足を一気に解消すると一時的にものすごい損失が出るけれど、その後は何もしないで普通の経営をやっていると翌年度にはV字回復する、このことにうまみを感じたのです。

その次は土地を使った減損です。期末に時価１００万ドルの土地を持っていて、バランスシートにも１００万ドルと書いてあるとします。用途変更することにして、使わなくなるからというので30万ドルに評価替えをします。70万ドルの評価損を1期目に出しておくのです。もともと１００万ドルの値打ちがあるものを30万ドルとして簿価を変えてあります。次の年不要になったからというので１００万ドルで売ります。そうすると1期目70万ドルの損失、２期目70万ドルの黒字と一気にV字回復できるのです。減損会計はしばしばそういう使い方をされました。ＳＥＣは、そんなことばかりやっていたら企業が体力を落とすばかりなので、そういう無謀な減損を止めさせるための基準をつくらせたのです。つまり条件が合わないと減損してはいけないという基準だったわけです。

「日米投資イニシアティブ報告書」などで、日本は減損会計の基準がないと言われ続けました。それで基準をつくったのですが、日本の場合対象はほとんど土地でした。バブルのときに高止まりでつかんだものを今減損処理せざるを得なくなっているのです。その減損でも時価を使います。

ところが時価は鵺（ヌエ）のごときところがあってよくわからない。

先日も築地が移転する先の豊洲の地質調査について盛んに記事が載っていましたが、土壌汚染があると土地の時価を決めるのは難しくなります。日本の不動産の鑑定は、建物などが建っていないと仮定した、更地のものとして時価を計算するのですが、ずいぶん現実離れしていると思います。

更地の地下を掘って土壌汚染していたらどうなるのか。建物の撤去費用も土壌汚染も差し引いて評価しないと土地の時価は決められないのです。そうなると減損会計において土地の時価を決めるときに、不動産鑑定士に「この土地は何億円にして」と頼んで鑑定書を書いてもらうことにもなりかねません。そういうことが日本では今までも行われてきたし、今後も行われる危険があるわけです。

国際会計基準が入ってくると「全面時価会計」が目の前に迫ってきます。土地も建物も機械も全部時価評価されることが想定されています。となると建物を撤去する費用がわからないといけない、しかし普通の建設会社は撤去はやらないので、撤去費用というのは実はわからない。土壌汚染はもっとわからない。どこまで掘ったらいいのかわからない。そういうところに時価評価を持ってくると大変です。しかし便利だと思う人もいるはずです。

持分プーリング法は「利益捻出マシーン」

次に企業結合の会計基準の話です。日本もさんざんもめて持分プーリング法をやめることになり、買収法（パーチェス法、取得法）に変わります。アメリカの会計基準は持分プーリング法と取得法（買収法）があって、企業は自由ではないが基本的には選択権がありました。

アメリカの企業の場合は四半期報告（日本も始めましたが）をやっていて四半期ごとの利益情報で株価が動きます。経営者は四半期、３カ月ごとにグッドニュースを出さないといけない、ときにはサプライズを出さないといけない。しかし、「もの」をつくって売っている会社が前の３カ月より業績が上回るというのは、ものすごく大変なことです。

売上高を増やすのは特に大変なことです。しかも売上高が多少増えても利益はそれほど増えないから市場にインパクトを与えるほどの利益を上げるのは至難の業です。しかも1年に4回もグッドニュースを流すなんてできない。そこでアメリカの経営者がいろいろ考えた中の一つが、他の企業を買収してその買収で利益を出す方法です。

持分プーリング法という方法を使うと、相手先の企業が３カ月間に稼いだ利益も自分の利益として報告できます。その上その企業が内部留保してきた過去の利益も、自分の会社の内部留保利益として報告できるのです。つまり良い会社を見つけて買収さえすれば、自分の会社がいかにも稼いだかのような損益計算書をつくることができるのです。持分プーリング法というのは要するに向こうの会社の数字と自分の会社の数字をただ単に合算するだけですから、利益も合算されることになります。

それに気がついた経営者達が盛んに儲けている会社を探してM&Aをかけて買収して、いかにも自分達の会社が稼いだかのような顔をして報告する、しかし、その会社の事業が欲しくて買収したわけではありませんから、買収したあとは資産をバラバラに切り売りして「企業解体の儲け」を手にしようとします。

それを繰り返せば産業界が破壊されます。そのためにSECが持分プーリング法を禁止したのです。この方法自体が悪いわけではありません。二つの会社が、それぞれ適正な会計処理をしてきたのであれば、それぞれの会社の会計数値は適正な金額になっているはずですから、それを合併にあたって合算することには、一応の合理性があるはずです。アメリカの経営者があまりにも悪どく使ったために禁止されたのです。

次は買収法による利益の捻出

これが禁止されて、残ったのが買収法（取得法）です。買収法は時価会計の世界です。M＆Aをかけて買った会社の資産を時価評価してバランスシートに乗せるのです。そうすると１００億ドル純資産を持っていた会社を取得するために１４０億ドル払ったとしますと、差額の40億ドルはのれんとして処理されます。

アメリカの企業にしてみたらこののれんは一番厄介でした。なぜ厄介かと言うと、のれんを資産計上すると、毎期、償却費を出さなければならない。例えば40億ドルののれん代を支払った場合、アメリカではのれんはつい最近まで40年償却でしたから、毎年1億ドルの償却費を出さないといけない。日本は今は20年償却ですが、商法の規定では5年でした。非常に短い期間に償却しなければならなかったので、のれんが大きく計上されるM＆Aをかけようものならあとの始末が大変でした。

アメリカでは残ったのが取得法だけなので、買ってのれんを出したら、今度はそこから巨額ののれんの償却という地獄が待っているのです。これを何とかしないといけないということで考えられたのが、「のれんの価値は、通常は減価しないので、のれんは償却しない」という理論立てでした。全く償却しないということではなくて、大きく毀損するような場合は、減損処理するということにしました。

「のれん」は減価しない？

しかし、のれんに減損が生じているかどうかは、客観的に判断できることではないので、経営者が何らかの意図でしない限りは減損処理することはないでしょう。減価償却しなくてもよいとなると、これほど便利なものはありません。バランスシートには巨額ののれんが資産として計上され、財政状態が非常に良くなります。のれんを償却しなくて済むというのは、アメリカの経営者にとって非常に便利な方法です。

ただし、それだけだと利益は出てきません。次に何を考えたかと言うと、例えば買収した会社に100億ドルの価値がある土地があったとします。これを時価評価して60億ドルでバランスシートに乗せる、差額の40億ドルはのれんが増えます。本当は100億ドルの値打ちがある土地を60億ドルと書いてあるので次の年に売れば、40億ドルの利益が計上できます。アメリカのM&Aは、相手の会社の事業を取り込みたいとか、自社グループの傘下に入れてマーケット・シェアを伸ばしたいということよりも、相手企業の持っている資産をバラバラにして売却し、売却益を手に入れようとするものが多いようです。売却益を出せるようにするには、買収時の評価を低くすればよいだけです。悪知恵が働く人間だらけですから、持分プーリング法がだめになったら、今度は取得法でそういう利益操作をするのです。

「ものづくり」ができなくなったアメリカ

アメリカではなぜ利益操作をやらないといけないのかと言うと、先ほどの四半期報告のせいだけではなくて、アメリカが「もの」をつくれなくなったことに関係します。ものづくりでは稼げない、ものをつくっても日本やアジアに品質と価格で勝てない、アメリカはＰＬ訴訟の国だから、ものをつくると必ず訴えられます。だんだんものづくりを諦めざるを得なくなってきました。金融の世界がアメリカの収入源になったのは、ものがつくれなくなってきたことも関係するのです。実はものがつくれなくなってきたためにアメリカの投資家の投資行動が変わってきました。

今まではものをつくって稼いでくれていたから、ものをつくっている会社の株を買えば配当がもらえましたが、最近はものをつくっている会社の株を買っても配当がもらえないし株価も上がらない。へたをすると、ものをつくっている会社が潰れる。かといって金融機関に投資したらどうなるか、アメリカ人はその危険性をよく知っている。そこでアメリカの投資家が選んだのは、アジアやヨーロッパの株です。今アメリカの投資家がアメリカの会社に投資しているのは資金の28%、ヨーロッパが30%を超えていると言われています。それぐらい拮抗してきたというか、むしろ逆転してきたのです。

その結果何が起きたか。アメリカの投資家はヨーロッパ企業のアニュアル・レポートをもらうことになります。これはアメリカのアニュアル・レポートのようにごちゃごちゃしてないし、非常にシンプルで読みやすい、国際会計基準を使っているほかの会社のアニュアル・レポートと比較もできます。国際会計基準に従った財務諸表を見慣れてくると、アメリカのアニュアル・レポートよりもヨーロッパのアニュアル・レポートは見やすいということになってくる。次第にアメリカのアニュアル・レポートもヨーロッパのようにすればよい、そうすると国際比較もできると感じるようになります。投資家自身がアメリカのＦＡＳＢがつくる会計基準があまりにも大部なので重荷になってきたという事情もあるのです。

アメリカが自国の会計基準を捨てて国際会計基準に移ろうとする背景はいくつもありますが、最後はこのアメリカの投資家がアメリカに投資しなくなったという事情です。

海外にどんどん資金を移動していき、国際会計基準に従ったアニュアル・レポートに慣れてしまって、投資家のサイドからもアメリカの基準ではなくて国際基準でやってよいのではないか、何も問題はないではないかという話が出てきました。確かにそっくりになってきたからそれでよいのではないかと言われて、次第にＳＥＣもＦＡＳＢも考えを変えてきたところがあります。しかしすぐにというわけではなくて、自分達がいずれ国際会計基準審議会があるロンドンを支配下に置くような戦略をとるのは当然です。以上最初にアメリカの会計基準が破綻した理由をいくつか話しました。

コンバージェンスからアドプションへ

かつて大蔵省にあった企業会計審議会が会計基準をつくっていましたが、審議会がまとめた基準の法的拘束力をどうするかという問題がありました。審議会が基準をつくってもそれは大蔵大臣への答申（意見書）というものでしたから法的拘束力はありません。法的拘束力をどのように与えるか、これは国際会計基準でも大問題です。国際会計基準ができたので明日からこれに従ってくださいというわけにはいきません。日本の例で言うと、審議会が意見書をつくって、その意見書に則して、例えば証券取引法や財務諸表等規則などを改正して法的拘束力を与えてきました。

今回、大蔵省を巡っていろいろな事件があって、企業会計基準委員会（ＡＳＢＪ）という民間の団体に基準を設定する権限というか作文する権限が移りました。しかしＡＳＢＪが作文をしたところでそれが法的拘束力を持つわけではない。一つの基準をつくるたびに金融庁がお墨付きを与えて、上場会社はこれに従うようにということで、法的拘束力が与えられています。

ところが、企業会計基準委員会と金融庁との間に役割分担があるようで、個々の会計基準は民間団体である企業会計基準委員会に任せる、その代わり国際的な対応や日本の会計制度をどうするかというような大きな問題は金融庁の企業会計審議会がやる、という基本姿勢があるようです。

コンバージェンスの話の際にも、企業会計基準委員会は何も意見書を出さないのに、金融庁から「会計基準のコンバージェンスに向けて」という意見書（平成18年）が出ています。今回の国際会計基準をどうするかという話の際にも、企業会計基準委員会ではなくて、金融庁の企業会計審議会からこういうふうにやりたいがどうかという形で中間報告案「我が国における国際会計基準の取扱いについて（中間報告）（案）」（平成21年1月）が出されました（6月16日に正式の中間報告が公表されている）。

一般的な見方として金融庁は腹を決めたととられています。金融庁が単独で決めたのではなくて、以前から財界からも日本基準で行くのか、国際会計基準で行くのか早く決めるように言われていました。最近アメリカが国際会計基準に移行する姿勢をちらつかせていますので、金融庁も国際会計基準をとらざるを得ないと腹を決めたのだと思います。

IFRSは原則主義

それまでは、日本もアメリカも、自国の会計基準とIFRSの間にある大きな差異をならす作業（コンバージェンス）に力を注いできましたが、両者の間に大きな差異が少なくなってきたことから、一気にコンバージェンス（収斂）から「アドプション」に踏み出そうという声が強くなってきました。コンバージェンス（収斂）の場合は、自国の基準とIFRSとのデコボコをならす作業でしたが、アドプション（強制適用）になると、自国の基準を捨てて、全面的にIFRSに移行することを意味します。

コンバージェンスからアドプションへと流れが変わると、とんでもないことが起きます。

日本もアメリカも細かいルールを決めて決算をやるので原則主義的な考え方ではありません。ところが、国際会計基準は原則主義をとるしかないのです。細則主義をとって細かいルールを決めると必ず各国や各企業の利害がぶつかって、わが国では使えない、わが社ではそれは無理ということになり国際会計基準は使えないところが出てきます。したがって、国際的な基準をつくるには原則主義をとるしかないのです。しかし公認会計士協会や金融庁や企業の人は言葉としては細則主義、原則主義は知っていても、原則主義で実務を行った経験がありません。IFRSを適用するに当たって予習も準備もしなくてよいのかということになります。あとでこの話についてはお話しします。

退職給付引当金の計算はアクチュアリー任せ

もう一つ、国際会計基準の考え方の基本にあるのは、「資産負債アプローチ」という考え方です。利益を計算する方法としては、売上高を計算してそれに見合う費用を計算して、その差額で純利益を計算するのが普通です。損益法とか収益費用アプローチと呼ばれている方法です。1920年代末の世界大恐慌以降、世界の会計はこの収益費用アプローチを採用してきました。ところが、アメリカの会計が次第に資産負債アプローチに軸足を移してきたのです。

資産負債アプローチを簡単に説明しますと、こういうものです。1月1日に持っていた資産から借金を返したら純資産が残ります。その純資産が100万円であった場合、12月31日には純資産が120万円になっていれば20万円増えている。この20万円が儲けとするのです。会計の世界では「純財産増加説」と言います。確かに財産が増えていれば儲けで、これは非常にわかりやすい。しかし、問題は財産をどうやって評価するかなのです。先ほど土地はいくらと評価するのかという話をしましたがこれと同じです。

それと負債があります。退職給付引当金の計上額をどうやって計算するのか。退職給付引当金の場合、外部にファンドを持っているところは外部に運用を委託しています。外部で運用する資金だけでは足りない分だけ引当金を設定するが、退職給付引当金は当期いくらなのかという計算は企業ではできない。そのために専門家のアクチュアリーに頼むのですが、そのアクチュアリーが大変です。日本にアクチュアリー協会の正会員が３０００人ほどいます。

日本の企業の多くは３月31日が決算です。３月31日という特定の日を期末に退職給付の債務を計算して欲しいという依頼が特定のアクチュアリーに何十社も集まる。３０００人が全員そういう仕事ができるわけではありません。アクチュアリーは、ほとんどが生命保険会社か信託銀行に勤務している人たちです。自分の保険会社や銀行の仕事だけでも大変です。

アクチュアリーの方に聞くと、退職給付の債務額を計算するには１社について、２～３カ月はかかると言います。そうしますと１人10社以上も引き受けるのは絶対に無理なはずです。そこで、どうするのか「そこは、あ、うんの呼吸で」という話も聞いたことがあります。会社側も退職給付の債務は「いくらぐらいにして欲しい」という願望があります。アクチュアリーにはいくらにして欲しい金額を伝えて、それに合うような計算をしてもらっていることもあるようです。

私は、旧・大蔵省の銀行局保険部に設けられていた保険経理フォローアップ研究会の座長を務めていたことがありまして、その関係で現在でも、アクチュアリー協会の客員として遇されていまして、多くのアクチュアリーの方々と接してきました。現在のアクチュアリー会理事長の野呂順一先生（ニッセイ基礎研究所社長）とは20数年にわたる親交をいただいています。ですから、アクチュアリーの皆さんの有能さも高潔さも、さらには悩みや制約も、知っているつもりです。

退職給付の債務額というのは、普通の人にはわかりません。金利が将来1％上がっただけで桁が変わってくるのです。若い人にしたら40年後に払ってもらうお金です。来年退職する人のお金だったら簡単に計算できるが、今勤め始めた人があと何十年勤めて、というところから始まるのです。昇給を計算して、最後に給与がいくらになるかということを積み重ねていって、しかも全社員の計算をするということになったら、普通の人には計算できないですね。

できないからアクチュアリーに頼んで数字を出してもらうわけですが、アクチュアリーもわからないところがある。一つの会社に何カ月もかけていたらある程度の数字を出せるが、日本企業の決算日が3月末に集中していますから、どこの会社も3月末の数値を計算してもらうことになります。何十社も一度に計算するとなると、どれだけ優秀なアクチュアリーでも無理でしょう。そこで「あ、うん」の呼吸でだいたいの数字を出さざるを得ないのではないか。つまり、退職給付の見積りは非常に難しいという話をしました。以上は負債の側の話です。

「現金の監査」は至難

資産評価も現金だったら大丈夫と思われるかもしれないが、会計監査の世界では現金が一番わからないのです。監査に行った日に金庫に５００万円あっても、公認会計士が帰ったらどこかに返しに行くかもしれません。現金には名前がついてないから誰のものかはわからない。「見せ金」かどうかを見分けるのは至難です。

昔、私達がアメリカに渡航するときにはアメリカ大使館に銀行預金の残高証明書を持っていって、帰国するときの旅費があるかどうか見せました。今も中国から日本に来る留学生などは預金の証明書がいるようですが、それだって、誰からでもよいからお金を借りて一時的に銀行に入れて残高証明を取って、あとでお金は返すという手はあります。それでも残高証明書を大使館に持っていけば５００万円持っていると主張できるのです。

金庫の中のお金も同じです。現金としてチェックできるのは、チェックしたそのときだけです。その現金は次の日には誰かに渡っているかもしれない。そのお金は借金かもしれないし、誰かから預かった現金かもしれない。監査の世界で最近言われるのはリスクアプローチで、一番危ないのは現金だと言います。では、現金は監査できないのかというと、現金の残高を毎日計算して記録しておくならば、監査が可能です。毎日記録されていることになれば、監査のときだけお金を借りて金庫に入れておくというやり方では通用しません。例えば銀行の通帳を毎日チェックできるシステムさえつくっておけば、現金の管理ができるのです。会社法で言う「適時記録」が有効です。

IFRSは資産負債アプローチ

売掛金や貸付金も時価評価されます。債権の評価は非常に面倒です。貸付先や掛売り先の経営状況や財政状態をよく分析してからでないと貸し倒れの見積りもできません。無形固定資産は時価があってないようなものです。

そのあたりを全部時価評価してバランス・シートをつくり、負債も評価してそれを差し引いて純資産を計算して、期末にどれだけ増えたかを計算するのが、「資産負債アプローチ」という方法です。見方によっては単純で子供でもわかるやり方です。金額さえ決めることができれば誰でもわかる。しかしその金額を決めるのが難しいのです。

この資産負債アプローチは評価額を決めることが客観的にできないことが問題なので、世界でめったに使われたことはなかったのです。どんなときに使ったかと言いますと、アメリカの話ですが、70年も前、バランス・シートと担保物件を見て銀行がお金を貸すという時代がありました。アメリカでも企業の収益性は問題ではなくて、貸借対照表を見てお金を融資していたのです。そのときバランス・シートが時価でつくられていて、その時価がインチキだったためにバタバタ潰れて大恐慌が起こった。その経緯があったので、原価主義に変わったのです。それ以来アメリカはずっと原価主義を貫いてきました。利益の計算は売上高と費用の差額として計算するという、「収益費用アプローチ」のやり方をとってきたのです。

ところが、こうした会計方法には、今のアメリカ企業にとっていくつか不都合がある。先ほど言いましたように、アメリカは「ものづくり」をしても売れなくなって儲けられなくなった。収益から費用を引いて利益を計算するには、収益（売上高）を大きくしていかない限り無理です。いくらコストを下げても無理です。しかも3カ月ごとにグッドニュースを出さなくてはいけない。3カ月ごとに売上高でグッドニュースを出すなんてとてもできない。ものは売れない、コストはかかる、そういうときこの会計方式はアメリカの企業にとって非常に不都合なのです。

それに比べると、先に話した、儲けている会社を見つけたら捕まえて自分の利益に付け替えてしまえる会計だと売上高に関係ない。この方法だと相手の売上高を自分の売上高にできる。そういうメリットがあってM&Aを盛んにやったんですが、それが禁止されて買収法になった。しかしその後も、買った資産を思い切り下げておいて次に売るということをやった。これだと簡単に利益がひねり出せるからです。

つまり収益から費用を引くという計算ではなくて、期首にあったものと期末にあったものを比べる会計の方がアメリカの経営者にとって非常に便利だった。

パートノイの「錬金術」――デリバティブ

もう一つはデリバティブです。日本でバブルがはじけたあと、日本の銀行が不良債権を抱えて巨額の損失を出すはずのときにほとんど損失を出さないで、きれいな決算をやっていた時期がありました。なぜそういうことができたのか疑問に思っていました。それからずいぶんたってからパートノイというアメリカの投資銀行に勤めていた人が『大破局（フィアスコ）』（森下賢一訳、徳間書店）という著書の中でその秘密を暴露しました。この本は、私もむさぼり読みました。

決算間近に日本の銀行に、当期末には例えば100億円の利益が出るが、その代わりに2、3年後には110億円の損失が出るようなデリバティブを売り込んだと言うのです。今年100億円儲かるが、いずれ110億円の損失が時限爆弾のごとく爆発するかもしれないというものです。10億円はデリバティブを開発した投資銀行の手数料です。

銀行の経営者は、今回100億円儲ければ、あとその100億円＋αの損が出ても構わないということで、そうしたデリバティブをつくってもらって、当時、日本の銀行が損失をきれいにしてしまったということを暴露したのです。デリバティブをうまく使うと「当期に大儲け、次期以降に時限爆弾」ということが可能になった。

資産負債アプローチはそれをうまく使えます。期末になって利益が足りなければそこでデリバティブを仕組むのです。いくらでもデリバティブの評価益を出せるそうです。

リーマンの錬金術――負債の時価評価

リーマンブラザーズは破綻する直前にとんでもないことをやりました。負債の時価評価です。バランス・シートの資産側の時価を決めるのが非常に難しいという話をしましたが、今度は負債の方です。国際会計基準にも負債の時価評価のルールがありますが、日本の会計基準にはない。日本の商法・会社法でも負債については時価評価は求めてない。

負債を時価評価をするということは、どういうことなのか。社債を考えてもらえばわかりやすいのですが、額面100円で社債を発行したとすると、その社債をすぐに市場で買い戻そうとすれば、発行したばかりですから100円で買い戻せます。

ところがその会社の格付けが下がったか、あるいは会社の悪い噂が流れて社債の市場価格（社債を買い戻すときの時価）が70円に下がったとしますと、社債の買い戻しは70円で済みます。そこで実際に市場で自社の社債を買い戻せば30円の償還益が出るのです。社債も時価評価すると、会社の格付けが下がったりしたときは、市場価格の下落分が評価益になってきます。会社が潰れそうになったら、社債の時価はほとんどゼロになるので、発行したときの100円のほとんどがそのまま評価益になるのです。「潰れそうになればなるほど利益が大きくなる」などという会計を誰が信じるのでしょうか。

負債の時価評価は普通の経済感覚や経済常識に全く合わないのです。リーマンブラザーズはそれを2回もやったのです。期末になってうまくいかなくなったときに、自分の会社の債務を時価評価して、債務評価益を2007年度に9億ドル（900億円）、08年度に24億ドル（2400億円）出しています。自社の格付けが下がったために、自社債務を買い戻す価格（移転価格）が下落し、評価益が出たとするものでした。

日本が、「原則主義」というよくわからない世界と、「資産負債アプローチ」という時価や時価もどきを使ったら何でもできるような世界に入ろうとしていることに会計の関係者は気づいているのでしょうか、心配です。

国際会計基準は使われているか？

次に、国際会計基準を巡る誤解について話します。国際会計基準は、当初、エスペラント語に近いような評価を受けていましたが、証券監督者国際機構（ＩＯＳＣＯ）という各国政府の証券監督機関（日本の金融庁やアメリカのＳＥＣなど）が、外国企業が作成する財務諸表の作成基準として国際会計基準（当時はＩＡＳ）を認知する姿勢を示してからにわかに国際的な認知度が高まってきました。国際会計基準には、ＩＡＳとＩＦＲＳがありますが、これは時代の違いです。国際会計基準は、もともとはＩＡＳという名称でしたが、イギリスが主導するようになってイギリスの会計基準の名称であるＦＲＳ（財務報告基準）を使ってＩＦＲＳにしました。名前までイギリス流に変えてイギリス色を強めてリードしているのです。１１０カ国が国際会計基準をアドプションしているか、または認知しているといいます。

しかし国際会計基準をストレートに採用・適用しているかどうかはわかりません。例えば、ＥU27カ国がアドプションしていることになっていますが、ＥＵが実際に使っているのは、国際会計基準そのままではなくて、国際会計基準のＥＵバージョン、ＥＵ－ＩＦＲＳです。自分達に都合の悪いところは外して、あるいは選択肢を増やして自分達が使えるようにしたものです。また

EU27カ国の上場会社のすべてに強制適用されているかのような報道もありますが、事実は、使いたい企業だけが手を上げて、手を上げた会社には強制適用するという話ですから、実質は「使いたい企業だけに適用」つまり「任意適用」です。ですからEU27カ国が国際会計基準を使っているというのは、誤解があるのです。

手を挙げるコモンウェルス諸国

国際会計基準を使っている110カ国には、コモンウェルスの国が多い。イギリスを母なる国とするコモンウェルスが58カ国ありますが、そのうち国際会計基準を使ってないのはイスラム教の3カ国で残り55カ国は使っていると言っています。しかしこれも人口3万人から30万人という国も含まれているので、55カ国の実態はよくわかりません。

その国に証券市場や公認会計士制度があるのかどうか、どういう実務が行われているか、監査のレベルはどうか、といったことは調査されてないのでよくわからないのです。コモンウェルスが55カ国、EUが27カ国、合計約80カ国はイギリスの関係国かヨーロッパです。コモンウェルスの国は母国イギリスからの提案には原則「はい」というところがあります。例えばオーストラリアやカナダやニュジーランドはイギリスが会計基準を変えればそのまま変えてきました。イギリスが会社法を変えれば自国の会社法を同じように変えます。母国に従っておけば、金も手数も人も時間もかけず会社法や会計基準を整備できるからです。

また、例えば国際会計基準にストックオプションの基準がありますが、国際会計基準を使っていると言われる110カ国全部にストックオプションの制度があるかというと、そういうことはありえません。基準はあるが制度がないことはいくらでもあります。アメリカの時価会計の話をしましたが、アメリカの時価会計はS&Lの問題を解決したあと、適用対象がなくなったのです。なくなったにもかかわらず基準を残したがために今回ウォール街などで悪用されたのです。

基準があるということと、実務が行われているということとは全く別のことです。基準があるからその国に実務があると思ったり、基準がそのまま使われていると思ったりするのはとんでもない誤解です。110カ国の中には、人口が5万人（セントクリストファー・ネビス）とか30万人（バルバトス、ベリーズ）といった非常に小さい国がたくさんあって、もしかしたら基準を使っていると言っているが実際には使ってないかもしれない。こうしたことをIASBには調査する権限もスタッフも能力もない。へたに、調べてみたら、この国もあの国も、適当に自国の企業実態に合うように変えて使っているとか、実は使っていないなどということが判明したら、IFRSは一気に瓦解しかねません。だからと言っては語弊がありますが、実態を調べることもせず、使っていますと言われれば採用国にカウントしてきました。

誤訳の責任は誰が取るのか

国際会計基準審議会（IASB）は民間の団体ですから、各国の行政府とつながりを持っていません。どんな基準をつくろうと、それを強制的に施行する力はIASBにはありません。例えば日本の場合、金融庁が認めない限り日本では使えません。中国も韓国もみなそうです。中国は国際会計基準を法律の中に取り込むために、まず中国語に翻訳してそれを法律の形に直すという作業をして国際会計基準を導入しています。韓国も韓国語に翻訳した韓国バージョンを国際会計基準と言って使っているのです。

日本も、日本語に翻訳して使うことが想定されているようです。これは、大問題です。英語で書かれた会計基準を、趣旨を変えずに日本語に置き換えるというのは、至難の業です。ASBJが翻訳権と翻訳の責任を持つことになっているようですが、ちょっとした誤解・誤訳で裁判沙汰になることもありえます。会計基準を翻訳するというのは、法律をつくるのと変わりませんから、英語ができて会計がわかれば大丈夫という話ではないのです。どちらかといいますと英語力はそれほどいらないと言ってもいいでしょう。

IFRSは、世界中で使うことを想定していますから、比較的簡単な英語で書かれています。

翻訳にあたって一番大事なことは、「日本語能力」と「想像力」です。逐語訳を紹介されても意味が取れないことが多いと思います。翻訳を読んでわからない人は「英語版」を読めばいい、というのでは翻訳の意味をなさないですし、日本語訳でする実務と英語版でする実務が違うことになりかねません。

翻訳上の問題が解決されたとしても、各国それぞれの思惑で基準の使い方を変えている可能性があります。そこは調査されていないために、基準が同じでも実務が違っている可能性が非常に高いのです。ＩＦＲＳになれば世界の会計実務が同じになるとか、財務諸表の比較可能性が高まるということを主張される方がいますが、ＩＦＲＳの原則主義における基準の解釈、翻訳時の解釈、翻訳を実務に適用するための解釈……延々と解釈が行われますから、国ごとに、企業ごとに実務が極端に多様化する危険性が高いと思われます。

実態は、今のところ調べようがないのですが、各国それぞれ自由に使っている可能性があって、基準にはこう書いてあるが、うちはこれでよいというところがある。各国では「これは使わない」、「これは選択肢を設ける」ということをやっています。そういう意味では国際会計基準の適用実態をこれから調べていく必要があるのかなと思います。その場合、難しいと思うのは、ＩＦＲＳに合わせて実務を変えるように持っていくのか――この場合はＩＦＲＳの採用をやめる国が出てきてもおかしくない――それとも世界の実務に合わせて基準を変えていくのかという問題だと思います。

アメリカにすり寄るIFRS・IASB

基準があるとその基準どおりに実務が行われているように錯覚しますが、時価会計についても先ほど話しましたように基準はあったがどこでも使われてなかったのです。減損会計にしても我々の理解している減損会計と全く違った目的で基準をつくっています。

わが国のリースの会計基準は先日(平成19年3月)改正したところです。最初につくったリースの会計基準(平成5年)もアメリカに言われてつくりました。当時「基準性なき基準」とか「骨抜き基準」などと皮肉られました。要するに、アメリカあたりから、バランス・シートにリース資産とリース債務を両立てであげるというアメリカ式の基準を日本もとるように言われたのです。日本でリースを使うのは、大手の企業の場合資金が足りないからという理由ではありません。リース資産は減価償却しなくて済むし、事務負担が少なくて済むし、帳簿上の資産管理をしなくてもよい、面倒なメンテナンスもリース会社がやってくれるから助かります。例えば社用車を100~200台所有している会社が、いちいち車を買って、メンテナンスをして、車検を取って、ということをやると非常に費用と時間がかかります。リースにすれば、すべてリース会社がやってくれます。しかも、リース料を支払えばそれは損金算入できますから、こんなメリットはありません。

これがオンバランスになった途端に状況はガラッと変わります。自分の資産だから資産台帳もつくらなければならない、減価償却の計算もしなくてはいけない。減価償却した分だけしか費用化できない。こんなことになるんだったら、買った方が良いということになりかねない。リースなんか使ってもほとんどメリットがないしリースは金利が高いのだから、さっさと買えばよいということになったときには、日本のリース産業はどうなるのでしょう。

15年ほど前に最初にリース基準をつくったときには、リース産業を潰さないために、リース資産とリース債務はオンバランスを原則とするが、注記でも良いということにしました。そのために日本のほとんどの企業はオンバランスではなく注記で済ませてきました。

それがアメリカにしたら気に入らない。その理由はあとで説明します。そのときにまた言われたのは日本の会計基準は国際的な基準に合ってないということでした。そこでアメリカ式のオンバランスにするということで、今回リース会計基準を改正しました。

リース業界を救う「300万円ルール」

それでは日本のリース産業は潰れてしまう恐れがあるというので、何をやったか。リースの業界にアンケート調査をして、日本におけるリース物件の金額を調べました。その結果リース物件の平均が300万円以下だったことが判明しました。例えば社長の車は300万円を超えるかもしれないが、その他はほとんど300万円以下でしょう。そこで会計基準をつくるにあたって、原則はすべてオンバランスだけれども、金額的に些少な、1件当たり300万円以下の物件はオンバランスしなくてもよいとしたのです。原則は原則で残し、1件について300万円以下のリース物件は賃貸借処理してよい、つまりリース資産としてあげなくてよい、そういう基準をつくったのです。原則はアメリカと同じで、例外的に、重要性の原則を適用して、金額の小さい物件はオンバランスしなくてもよいということにしたのです。

なんとなく日本は抜け穴をつくってズルをやっていて、アメリカは大通りを歩いているという印象を持つかもしれません。しかしアメリカ企業も本当はリース資産やリース債務を出さなくてはいけないようなものも堂々と賃貸借で処理しています。建前と実務は違うのです。我々は建前の世界を見て、実務もそのとおりに行われていると誤解をするところがあります。

国際会計基準もそのとおりになると思うのです。建前は基準どおりだが、実務は全然違うという世界になるかもしれません。世界中が建前と実務とを別にしてやるのであれば、何のために大慌てで国際会計基準をつくる必要があったのか。会計制度を思い切り変えて、教育も変えて、教科書も全部使えなくなるので書き換えなくてはいけない、そのエネルギーは何だったのか、ということになるのではないでしょうか。

よく似た基準の誤解

アメリカの基準と国際会計基準が似ているのは、ＩＡＳＢが一生懸命アメリカにすり寄って、自分達の基準にないものはアメリカの基準を取り込む、コンバージェンスと言いながら一生懸命アメリカの基準を国際会計基準に取り込んで、アメリカ化させることでＩＦＲＳをアメリカに認めてもらおうとしたのです。これがうまくいって、国際会計基準に一本化できるようになってきたのです。

どこも使わないという約束でつくった時価会計の基準は、今回の金融危機で火種になりましたが、日本ではバリバリの現役として時価会計の基準が生き残っています。

国際会計基準、崩壊の兆し

世界から認められた国際会計基準ですが、いくつか問題があります。一つは110カ国ということ、文化も宗教も法律も経済状況も違う国がたくさんあります。原則を立てて、この原則の精神で行こうと言われても行けないところがたくさん出てくるということです。「うちはこれを使わない」、「うちはこれでやる」というふうなカーブアウトは宿命的に避けられない。もう一つは基準があっても実務に違いがあるから、実務が多様化していくだろうということです。

それからこれもたぶん大きな火種になると思われますが、2002年にノーウォーク合意を国際会計基準審議会とアメリカのFASBとで結びました。今後国際会計基準をつくったり改正したりするときには、イギリス（IASB）とアメリカ（FASB）で相談して決めようという取り決めです。理由がふるっていて、2カ国だと合意に達するがそれ以上だと合意に達しないからと言うのです。最初から合意に達しないことは承知の上で、自分達だけで話し合って決めようとしているのです。IASBを主導するイギリスとFASBのアメリカは姉妹国だから話は早いはずだと考えたのです。

その他の国からの意見を聞くドアは開けているので意見は言って欲しいとは言っています。しかし2カ国で決めて、決めたものは守れということですから、一応他の国の意見は聞いておくという程度のことではないでしょうか。国際会計基準の今後という重要なことをイギリスとアメリカだけで決めていこうとしているのだから、すぐにでもフランスやドイツから火の手が上がってくるのは必定です。「勝手なことをやるのではない」と。今のところつくられた基準が何とか許容範囲に入っているからもめないが、アメリカの国策や産業政策に合うようなものが新しい基準になってきたときに、果たしてヨーロッパがまとまるか従うか疑問です。日本も中国も韓国も同様でしょう。

コンバージェンスに逆戻り？

そうなったときにアドプションは難しいからコンバージェンスでいいではないかという逆戻りが起こってくる可能性があります。世界の会計基準はそれぞれの特色があっていいではないか。企業会計基準委員会の前委員長だった斎藤静樹さんは、「日本の会計基準は企業会計審議会と企業会計基準委員会がつくってきた。それを信頼できる投資家は日本の会社の株を買ってくれるだろう。信頼できなかったら買ってくれない。アメリカの会計基準でつくったアニュアル・レポートを見て信用できると思ったらアメリカの会社の株を買う。ヨーロッパも信用したら買うだろう。

信用されなければその国の企業には投資しない。つまり基準間の競争をさせれば良い基準になるはずである。競争を止めると基準の向上心を失う可能性がある。だから日本は日本独自の基準を持つ理由がある」という趣旨のことを盛んに言われていた。正論だと思います。

次の問題は、ＩＡＳＢには各国の実態を調査する能力もスタッフも時間もないということです。だから実務がバラバラになっても実態はわからない。どこかの国の会社に投資しようとしてアニュアル・レポートを取り寄せたところ非常にきれいにできている、しかし実態はわからない。そうなると国際会計基準は怖いことになります。

また、ＩＡＳＢには各国当局とのパイプがないということも問題です。ＩＡＳＢは民間団体ですから、それぞれの国の政府にＩＦＲＳを守らせるようにといった指令などは出せません。しかし、公式のパイプがないとどうやってＩＦＲＳに法的拘束力を付与するのか不透明です。各国それぞれについて調査したこともありません。

日本の国際会計戦略

最後に私が考えている「国際会計戦略」について話します。国際会計戦略には二つあります。一つは対外的・国際的なもので、もう一つは国内的なものです。対外的なものについては、４年前（２００４年）に書いた『不思議の国の会計学』（税務経理協会）の中にも書きました。10年後か20年後には日本の公認会計士試験は英語で行われるようになるという話です。

アメリカの会計士も日本のマーケットを狙っているので、アメリカは必ず「会計基準を国際基準にしたのであれば、会計士の資格も国際基準に合わせなくてはいけない、会計士の国際資格基準をつくらなくてはいけない」と言ってくると思うのです。また、会計基準が正しく運用されているかどうか、その結果その会社の財政状態が適正に表示されているかどうかを認定するのは公認会計士ですから、その公認会計士がローカルな試験を受けたローカルな会計士ではまずいのではないか、国際的な統一試験をやろうではないか、という話も出てくるでしょう。

そうなったときには、間違いなく英語での試験という話になってくると思うのです。試験問題をつくるのも英米人、採点するのも英米人となりますと、英語を母国語としている人たちに有利な問題を出すことは簡単です。もしかしたら日本人が苦手なヒアリングとか英語による口頭試問（日本でも何年か前まで公認会計士試験に口頭試問があった）とかを入れられるかもしれません。そうなると、日本人などの合格者は限られ、英米人が大量に資格を取るということになりそうです。

英語で試験に受かった英米の会計士が大量に日本に入ってくるとなると、「私達は日本語が読めないから議事録は英語で書いてください」、「ディスカッションも英語で」、「証拠書類も英語で」、「領収書も英語でお願いします」、ということになる可能性は大です。

国際公認会計士の資格を

そうはさせないためにも、日本は国際社会に何をアピールしたらよいのか。一つは、現在の日本の公認会計士に、日本語による国際会計基準とコモン・ローの試験を受けさせて、資格を与えて、「国際公認会計士」を名乗らせるのです。日本が、日本語で国際会計基準の試験をして、「国際公認会計士」の資格制度をつくるといいと思います。そうするとフランス、ドイツ、韓国、中国など、英語圏ではない国が大賛成してまねるはずです。今ＩＡＳＢの会議には日本は山田辰己さんという英語に堪能な方が出席しているが、英米人が機関銃のように英語で話されると口が挟めなくなるといいます。

それはドイツ人もフランス人も同じことです。そういう英語の世界で決められたことを黙ってそのまま持ち帰るのではなくて、自分達がどんどん先に進んでいけばよい。イギリスにはすでにＩＦＲＳの試験があります。50問程度の簡単な試験です。ネットでも受けられるようになっています。日本もそういう試験制度を始めたらよいと思うのです。国際的にそういうことをアピールしていけば、他の国、特に非英語圏の国々が必ずついてくると思います。それをやらないと、英米から、「日本の会計士は国際会計基準のことを知らないし、ローカルな試験で通ったのだから、トヨタやソニーなど国際的な企業の監査は無理」と言われかねません。その危険性を避けるために先手を打つ必要があるのではないでしょうか。

日本語宣言

「日本語宣言」はＩＦＲＳの試験も日本語でやることを先に言えば、日本の影響力は大きいのでフランスやドイツや中国や韓国など他の国は従ってくると思います。中国や韓国も必ずしも英語が堪能ではないでしょう。中国は中国語で国際会計基準の試験をし、韓国も韓国語で試験をし、それぞれが国際公認会計士の資格を持っていると名乗れば、一つの砦がつくれるのではないかと思うのです。

ニュー・レジェンド

数年前まで、日本企業が公表するアニュアル・レポート（英文財務諸表）には「この財務諸表は、国際的な会計基準で作成されたものではない」というレジェンド（警告文）を書かせられてきました。今は、解消されたが、国際会計基準が導入されると、ニュー・レジェンドを書かせられるようになる危険があります。国際会計基準を導入した途端に、「このアニュアル・レポートは日本のローカルな試験で資格を取った会計士が監査したものであって国際的な会計士が見たものではない」といった新しいレジェンド問題が出てくる危険があります。日本が国際会計士をつくったとしても、次には日本の会計士の試験には英米法の試験がないとか、コモン・ローの試験がないとか、何とでも言えます。言って来るたびに新しいレジェンド問題が起こるだろうと思うのです。したがって、事前にレジェンドを避ける対策が必要であると思います。

「連単分離」は世界の常識

「国際基準は連結のみ適用」というのは、私が以前から主張しているのですが、日本の会計に携わっている人達がやや潔癖主義で「報告利益は一つ」という考えが強いようです。かつて企業会計原則と商法の一元化を図ったときもそうでした。商法に従って計算した利益と、企業会計原則に従った利益が違うのはよくないということで一元化を図ったことがあります。

今回の企業会計審議会が出した中間報告では、「連結先行」という方針を打ち出していますが、海外の会計先進国ではほぼ例外なく連結と単体を切り離している。いわゆる「連単分離」です。

連結財務諸表は決算書ではなく、単なる会計情報でしかないので、配当にも課税にも関係ないのです。

だいいち、例えば、日立グループの連結財務諸表を見せられても、日立グループという株は売ってない。株を買うとすれば、日立グループの、日立製作所、日立電線、日立化成といった個々の会社の株を買うしかない。連結財務諸表に一致する会社は存在しないしその株式は売ってないのです。なぜ連結財務諸表がつくられるのかと言うと、企業グループを一つの経済体としてみて連結をした方が実態がよくわかるからと言われています。

日本のように「持ち合い」によって形成されている経済集団ではなくて、英米には、親会社、子会社、孫会社があって、子会社が必要な資金を親会社が出して、孫会社が必要な資本は子会社が出してというふうに資金が直結している集団があります。そういうところと、日本のように子会社も上場するような、経済法則とか欧米流の資本主義に合わないようなことをやる国とでは違いがあると思うのです。連結は決算書ではなくて、あくまでも財務情報だと割り切れば、これに時価会計を適用しようが、減損会計を適用しようが関係なくなります。企業の実態を表しているのではなくて、グループの実態を表しているのだから、税金にも配当にも影響しないように連結はつくられています。連結財務諸表が国際会計基準にリンクしても実態に影響を与えないような工夫ができると思うのです。

金融庁や会計士協会は、「連結先行」ということを言っています。連結財務諸表に適用する国際会計基準を先に確定して、先に連結だけをＩＦＲＳに合わせたものを公開する、個別財務諸表（単体）は、連結のあとに、時間をかけて日本の基準を手直しして個別財務諸表にもＩＦＲＳを適用するというのです。不思議なことに、一方で、連結財務諸表というのは単体を先につくって、単体を集計することで作成されるものであるから、「連単分離」、つまり、連結にはＩＦＲＳ、単体には日本基準を適用して作成するということは不可能だ、と主張している会計士もいます。

会計士の方々の意見では、連単分離はありえないと言うのですが、金融庁は、いえ、会計士協会も連結先行論です。連結先行論は、どうも、「卵を割らずにオムレツを作ろう」というような話ではないかと思います。

収益費用アプローチを

国際会計基準はアメリカのまねをして「資産負債アプローチ」をとっていますが、やはり日本は、ドイツもフランスも、中国も韓国もですが、今後も「収益費用アプローチ」――売上高を計算して、そこから費用を差し引いて利益を計算するというシステム、原価主義をベースとする原価配分システムと言ってもいいですが、そういう会計システムを考えておく必要があると思います。収益費用アプローチは、企業の中長期的な収益力や財政状態を見るのに適しています。そういうところを見るのには資産負債アプローチでは無理です。

資産負債アプローチをアメリカがとっている事情の一つは、「SECの監督会計」というものにあります。監督会計というのは監督官庁が行政の手段としてやっている会計です。監督会計が狙いとしているのは、監督する企業、金融庁なら金融機関、国土交通省なら鉄道会社の将来的な収益力ではなくて、その企業が明日立っていられるかを見ることができる情報を手に入れることです。監督官庁にしてみると、半年後、1年後どうなるかの方が重要な情報で、収益は二の次と考えられています。

例えば3月31日に決算書を出して財政状態も健全だったが、日産生命がそうでしたが、その後2カ月もしないうちに破綻するようなことがあると監督責任を問われます。監督責任を問われないために短期的なものの見方をするのです。そのとき重要なのは、損益情報ではなくて、バランス・シートの時価情報です。どういう有価証券を持っていて、今時価はいくらか、いかなる不動産に投資しているのか、というような時価情報の方がはるかに重要と考えがちです。それはSECも日本の金融庁もそうです。

その考え方の根にあるのは資産負債アプローチ、バランス・シートを重視した会計です。中長期的な視点に立った会計ではないのです。今度国際会計基準を日本が導入するとすると、中長期的な会計はどんどん失われていく可能性があります。「ものづくり」をしているアジアやヨーロッパや日本には合わない会計になっていく危険性が非常に高いと思います。そうした会計は長続きしません。いずれIFRSはものづくりの国々から相手にされなくなるか、仮に生き残っても国際的モデル基準になる可能性が高いと思うのです。そうであれば収益費用アプローチに基づいた会計基準を捨てるのではなく、今後も、当面は内部会計、管理会計としてでも、経営者の実感とあった会計システムを充実させていく必要があるのではないでしょうか。

原価会計から時価会計に移った最大の理由は、時価会計側の人が言う根拠ですが、原価会計は粉飾に使われやすいから、利益操作されやすいからというものです。最初盛んにそういうふうに言われていたけれど、次第にわかってきたのは、時価会計の方が天井知らずの粉飾ができるということです。原価会計の中で行う粉飾はたかが知れています。

原価会計では、500円で買ったものは500円と書く。原価配分するにしても最高500円までしか配分できません。今年100円の費用を払ったのを、次期に払う分まで入れて200円にするぐらいしか操作できません。収益を操作するにしても、収入額が上限です。原価会計ではキャッシュ・インフローが計上する収益の上限で、キャッシュ・アウトフローが計上する費用の上限です。それ以上には計上できない。費用配分の世界では利益操作してもたかが知れているのです。ところが資産評価に時価会計を使う世界になると、評価の額は天井知らずのところがあるので、粉飾も天井知らずになる危険性があります。

今回まさにアメリカでそのことが実証されたと思います。だから資産負債アプローチを国際会計基準がとろうとも、わが国では、収益費用アプローチをずっと研究していくなり、極端に言えば投資家向けにも連結財務諸表の二本立てというのも考えてよいのではないかと思います。国際会計基準に従ったものと、中長期的な経営成績や財政状態がわかる連結財務諸表を別につくって投資家向けに発表するというようなことも考えた方がよいのではないかと思います。

先ほど両睨みと言いましたが国際会計基準は崩壊する危険性が非常に高いので、原価主義の充実、収益費用アプローチの充実を今よく考えた方がよいということです。日本の伝統的な会計観をすぐに捨てる必要はありません。その点では日本と同じようにものづくりで生きているアジアやヨーロッパの国と同じ波長になると思うのです。

時価情報の注記を

時価会計を廃止してどうするのかよく聞かれます。有価証券を時価評価するのをやめたらどうするのか。買ったときの原価をそのまま書いておけばとりあえずよいと思います。それで財務諸表に、どこの会社の株をいくらで買って、今いくらしているという「時価情報」を注記すればよい。

「時価会計」では、3月31日の時価を使って有価証券を評価しますが、それをもとにした財務諸表が株主総会に提出されるのが3カ月後です。まさかどんな投資家でも3カ月前の時価情報を見て意思決定するとは思えません。時価会計を支持する人はしばしば、投資家は時価情報で動いているといいますが、3カ月前の時価で評価した有価証券の金額を見て判断する投資家はまずいないでしょう。

もっと良い情報は何かと考えると、いくらの原価で買った、期末にいくらになった、これを売らなかったので株主総会のときにはいくらになっているという時価情報ではないでしょうか。少なくとも投資がうまくいったのか失敗したのかがこれでわかります。500円で買ったのが今300円だと、失敗したとわかる。500円で買ったのが今800円だと、なかなかうまくいったとわかる。

それが、時価会計にした途端にわからなくなるのです。買ったときの値段、期末の値段、現在の値段、さらには経営者がその有価証券をどうしようとしているのかという経営者の保有意図をはっきり書かせるのがいいと思います。

例えばその有価証券を売却して回収した資金を何に使おうとしているのか。今はそういうことは書かれていません。有価証券を運用していると言っても、ただ運用しているのか、それとも将来何かの事業をやるためにとってあるのかその意図が伝わらないのです。アメリカの投資家はいとも簡単に余裕資金があるなら早く配当に回せと言ってきますが、日本の投資家はそういうことを言わないので、何のためにそれを持っているのかわからないまま投資の意思決定をしている、それも妙な話です。国際社会にはそういった意味でいろいろなアピールができるのではないかと思います。

「会計は政治」「国家戦略としての会計」

最初に「会計は政治」「会計は国家戦略」と言いましたが、私が40数年前会計学を勉強し始めたころに、アメリカの雑誌に「会計の政治化」という論文が載っていました。そのときには、会計は政治ではない、会計は理論だと思っていました。読んでも納得できませんでした。その後勉強していくうちに、世界の先進国が表向きはできないことを会計を使ってやっているということがわかるようになってきました。

例えば、アメリカは産油国ですが、国の消費の3分の1しか産油できません。1日の産油量は11億リッターで、消費量が32億リッターです。3分の1しか産油できないので、どうしても輸入に頼ることになります。しかも、アメリカが産油する11億リッターはあと8年で尽きると言われています。アメリカが石油を外から持って来られなくなったら、軍艦は動かせない、戦闘機は飛ばせない、外国に対する攻撃力がなくなれば、ただデッカイ国になってしまうでしょう。

そういう国にならないために、アメリカはエネルギー問題を最優先で考えると思うのです。エンロンがあれだけ自由な経理を許されていたのは、エネルギー会社だったからです。何をやってもよい、10年先の利益でも、30年先の利益でも全部前倒しで計上して構わない、そんな会計はどこにもないはずだけれど、アメリカ政府はエネルギー産業を育成するためにそれを認めてきました。

石油を自給自足するためには、新しい油井を掘り当てるために、いっぱいボーリングしなければなりません。ジェームス・ディーンの「ジャイアンツ」という映画のように石油を掘り当てれば億万長者になれます。石油を掘ると言うのは一種のギャンブルだけれど、一獲千金を夢見て結構お金が集まってきます。しかし1本掘ったら岩盤に突き当たって石油は出なかった、2本目も掘ったが泥水でだめだったという場合もあります。試掘に費用1億ドルかけてだめだった場合、その1億ドルは会計処理上どうするでしょうか、通常の会計の感覚なら、使ったお金だから損益計算書に損失として出すでしょう。2本目も損失として出すでしょう。当然この会社はバランス・シートをつくると、債務超過に陥っているかもしれません。損益計算書は真っ赤です。こんな会社に投資しようとする人はもういないかもしれません。

そこでアメリカはどうしたか。ボーリングに失敗しても損失計上しなくてよい、掘った費用はバランス・シートに繰延資産の一つとして出して、資産計上してよいということにしたのです。資産計上すると損益計算書に損失として出てこないから、バランス・シートはきれいになる。一般の投資家はこれに騙される。この会社は石油を掘っている良い会社で資産もたっぷり持っているということでまた資金を集めて、次を掘らせて、というのがアメリカのエネルギー政策のためにつくられた会計基準です。アメリカはそういう会計基準を堂々とつくる国です。会計基準としては正しくないけれど、アメリカのエネルギー政策にとっては必要な基準だろうと思うのです。かなり有名な話なので投資家は承知の上なのかもしれませんが。そういう話はいっぱいあります。

時価会計が問題になったときに、私も政府や自民党から呼ばれました。昨年は民主党に呼ばれて時価会計の話をしました。そういうときに政治家に聞かれるのは、時価会計はルールだが企業に強制適用されるとなると法律と同じではないか、「そのルールを決めるのに国会で審議をしてはいけないのか」ということです。政治家が会計に関して何か発言すると、政治が会計に介入するとはけしからんと新聞が叩きます。その結果政治家がだんだん萎縮する。会計基準が国家の経済を左右する、あるいは一つの企業の生き死にを決めることもあるのに、政治家が議会できちんと議論しないのはたぶん先進国では日本だけだと思います。どこの国でも、国策・国益・産業振興に会計基準がからめば、議会で堂々と議論しているのに、日本はしないのです。

アメリカの前大統領のブッシュやフランスの前大統領シラクは、しばしば議会で会計基準の問題を論じていました。ストック・オプションの費用計上は許さないとか、時価会計はけしからんとか、堂々と主張していました。日本では、会計を蒸留水のように考えて「正しい会計」というものがあり、政治が介入するとそれが正しくなくなるというふうにとらえている。「正しい会計」なんていうのは、一面的な話です。

「会計問題に政治が口を挟むのはけしからん」という人に聞きたいのです。では「教育問題に政治が口を挟む」のは、どうして「けしからん」とは言わないのか、どうして「医療問題に政治が口を挟んではいけない」と言わないのか、日本のメディアには実に不思議な空気があります。

私も若いときには理論的に「正しい会計」があると思ったこともあります。そうではなくて、会計は目的を決めて、その目的に合っているかどうかなのです。その目的をどう決めるかは、一つの国の産業をどの方向に持っていくかに密接につながっていると思います。

持分プーリング法がアメリカで使えなくなり、日本も止めるように言われて取得法（買収法）に変わるという話をしましたが、日本は対等合併という考えが根強く、それを念頭に置くと買収法は使いにくい。買収法は買収する側と買収される側を決めなければならないので、どちらかが親分になり、どちらかが子分にならないといけない。

今の新しい企業結合の会計基準では、対等合併であっても、どちらかを親分にしてどちらかを子分にして決めないといけないが、アメリカはその点小さくても親分になれます。小さい方と大きい方を比べて、含み資産が多い方を買収するというやり方もあります。例えば住友銀行がわかしお銀行を合併したときに、わかしお銀行が存続会社になって、住友銀行が買収される形をとりました。これだと住友銀行が持っている資産を時価評価して、含み益をドンと表に出せるからです。これはもともと親分がはっきりしていて会計の処理をうまく使えば含み益を表に出せるからとったやり方だったというだけの話です。これが8対10とか9対10ぐらいのほぼ似たような会社同士だったら、どちらを親分にするか、子分にするか、非常に微妙だと思う。

「クール・ジャパン」の会計

日本の場合、産業を再編しなければ国際競争力をどんどん落としていく業界がいっぱいあると思います。自動車も製薬・薬品もそうではないでしょうか。これから思いっきり産業を再編しなければいけないという時期に、そういう基準をつくったらその産業の再編がやりにくくなると思います。そこでどうするかです。他の国はそういうときに会計基準を守ったふりをする。平気で大嘘をつく国はいっぱいあるのです。日本もウソをつけとは言いません。もともと島国の日本ではウソつきは生きていけませんから、ウソをつかないでも国際基準の世界を泳いでいける方法を考え出すことが必要ではないでしょうか。日本は、「クール・ジャパン！」ともてはやされますが、日本人の言うことやることに裏表がないこと、約束を守ることが高く評価されているのだと思います。

シングル監査からダブル監査へ

監督官庁があるところは別ですが、日本の一般の事業会社は決算書を公認会計士に見てもらってサインをもらったら、あとは誰もチェックしません。だから会計士と会社側が癒着するとどんな決算書でもできます。アメリカのＳＥＣの場合、1万数千社がＳＥＣに決算書を届け出ます。ＳＥＣはそれをチェックします。全部ではないが、1年間に15%～20%チェックしているといいます。1年間に20%だと5年に1回はチェックが入るわけです。会計事務所は、自分が監査を担当している会社にＳＥＣのチェックが入るとなると非常に怖いので、監査においてもそうそうかつなことはできないし企業側も慎重になるでしょう。日本は中小企業の場合税務調査がときどき入るが、その税務調査が入るというだけで、税理士も企業も緊張感を持って仕事をしているようです。経営者と税理士という1対1の話し合いでまとまっても、誰かがもう一度チェックするとなると相当緊張して仕事をやるのではないでしょうか。日本の決算にはそのシステムがないので、できたら日本版ＳＥＣのようなものをつくってダブル監査をする必要があるのではないかと思います。会計士はしばらくは嫌がるでしょうが、そのうち、結局は会計士のためになることに気がつくと思います。

また、日本の企業は決算を自前でやって公認会計士にＯＫを取っているが、「決算会社」といったものを別につくって決算の一部をやらせるとよいと思います。現金の記録や在庫調べも会計士に任せるのではなくて、専門会社をつくってそこにやらせる。退職給付会計のときの年金の計算も外部のアクチュアリーにやってもらっているのですから、監査法人が責任を持ってすべてをやるという時代ではないことを考えて、例えば製薬会社の在庫調べに行くときには薬剤師に同席してもらうとか、医療器具の棚卸には医師に立ち会ってもらうとか、そういうふうに、仕事の一部を外部に頼むようにすると、会計士も身軽になると思うのです。会計士も見落としをするということもなくなるでしょう。もっと他のところをしっかり見ることができるようになるのではないでしょうか。

決算期の分散を

また、上場会社は必ず公認会計士の有資格者を一人雇うというシステムが必要ではないかと思います。先ほど3月31日に決算日が集中するので特定のアクチュアリーに仕事が集中してまともな仕事ができないという話をしましたが、日本はなぜ3月31日にそろって決算をするのか。かつては総会屋対策として決算日を集中したかもしれないのですが、業界ごとに暇なときを決算日にして分散すればよいのではないでしょうか。

公認会計士が足りないと言われて合格者を増やしていますが、決算日を分散すれば今の人数で十分やっていけるはずです。決算日を同じにするから、瞬間風速的に会計士が足りなくなるだけで、決算日を分散すればそういう問題は発生しないと思います。

中小企業のための会計指針

最後に会計資格の多様化という話をします。中小企業庁が関係する諸団体と話し合って、「中小企業のための会計指針」をつくりました※。会社法の中に「会計参与」ができました。しかしどちらも活用されていないようです。会計参与は責任が重くて今の段階では会計士や税理士が引き受けられない状況だからだと思います。会計指針の方は税務ベースと企業会計のベースの真ん中ぐらいを狙ったはずが思い切り企業会計寄りになってしまって、中小企業は使いにくいのではないでしょうか。それ以上に税理士が馴染みのない世界になってしまっています。綱引きで会計士の方に引っ張ったためにそういう会計指針になってしまったのだろうと思います。

※「中小企業のための会計指針」は、公認会計士と税理士の職域争いを反映している。「会計指針」は、中小企業の会計マーケットに食い込みたいという会計士業界の意向が強く働いて、多くの税理士が苦手とする「企業会計」寄りに設定された。その結果、多くの税理士に活用されることなく、これを採用する中小企業は皆無に近い。
その反省から、2012年2月に、中小企業庁と金融庁を事務局とする「中小企業の会計に関する検討会」が「中小企業の会計に関する基本要領」を取り纏めている。「基本要領」は、現行の「税務会計」を文書化した面での評価もあるが、それだけに現行の中小企業会計実務の改善・向上には役立たないという声もある。

新しい制度を導入するときは政策的につくるようにしないといけないのではないでしょうか。例えば会計参与の場合、初めは会計参与の責任なんてほとんどない状態にしておいて、多くの会社が会計参与を採用してから少しずつ責任を増やしていくやり方をする。中小企業の会計指針も中小企業が使えるような税務ベースに近いところの基準を一回つくっておいて、みんながそれに従い出したら、少しずつ企業会計に合わせていくというやり方です。そういう政策的な配慮をして、ぜひとも二つの制度を生かして欲しいと思っています。

アメリカの意図を読めない日本

最後に「アメリカの意図を読めない日本」という話をします。こんなシナリオが考えられませんか。アメリカから時価会計、減損会計、連結、退職給付、企業結合といろいろな基準が日本に入ってきました。入ってきた結果、すべて日本企業の決算数値が悪くなっています。悪くなると株価の低迷を招く。株価が低迷するとアメリカの企業が日本の企業を買収するための条件がそろってくる。だからと言って、アメリカの企業が日本の企業が欲しいわけではない。日本の企業が持っている不動産などが欲しいだけです。だから買収し終わったらバラバラにして売却するということもやるでしょう。そうすると日本では雇用破壊が起きます。

次に狙われるのは、今すでに狙われていますが、郵貯と簡保のお金です。郵貯と簡保には３００兆円の資金があります。郵政民営化もアメリカに指示されて、唯々諾々と従ってきましたが、郵貯と簡保の会社が完全民営化されて、その株が市場で売買されるようになったら、どこが買収に動くでしょうか。きっと巨大な「買収シンジケート」か何かができて、私達の個人金融資産１４００兆円が危機にさらされるのではないでしょうか。その次は、共済が危ないという声も聞こえてきます。

非常に短絡的な言い方ですが、こういうシナリオが透けて見えるような気がしてなりません。

第4講　白紙に戻った国際会計基準（IFRS）論争

——「自己目的化した国際化」への反省

（富丘経済研究会　2011年6月20日）

富丘経済研究会は、横浜国立大学経済学部の卒業生を中心とした集まりで、過去40年ほど、毎月、例会を開催している。会員は、元・現企業幹部、学者、マスコミ関係者など。現在の会長は、東洋経済新報社元会長・社長の浅野純次氏。

浅野富丘経済研究会会長　田中先生のご紹介をさせていただきます。田中さんは、1966年、早稲田大学のご卒業ですが、ざっと50年前と言いますと、会計学の世界は東で言えば横浜国大と早稲田と一橋、このあたりにすばらしい先生方がおられて、西の方は神戸ですが、学生もまあまあの人たちがいて評価が高かったと思いますが、今の会計界はどうなっているのか、ちょっと心配で、できたら田中さんから一言コメントをいただきたいと思います。

田中さんは私の経済倶楽部でも何度も講演をしていただいているのですが、最初にお願いしたのは時価会計批判のご本（『時価会計不況』新潮新書）を出されたあとで、会員の評判も非常によかったということで、その後、何度も講演をお願いしているところです。

田中さんのすばらしいところは、学界などの全体の意見がどうであろうと自分がこうだと考えられたことは徹底的に主張されるところで、少数意見であっても敢然と主張される。時価会計もそうだったし、今回のＩＦＲＳ（国際会計基準）もそうで、早くから疑問を提起し、批判、提言をされておられます。こういうことは会計の学界・学会でも少ないと思うんです。会計学界の実情もお話しいただくと面白いかなと思います。

この間、テルモの和地さん（テルモ株式会社名誉会長・和地孝氏）と話をしたら、「アイファースはけしからん」という話になり、こういうことに批判ができない日本の政治も、学界も産業界もだらしがない、特に産業界がだらしないと盛んに言っておられました。イファースだけでなくて、時価会計から始まっていろいろなこと、例えば四半期報告もけしからん話だと私は思っていて、早くやめて欲しいと思っていますが、和地さんもそういう意見に賛成でした。

和地さんは「アイファース」と呼んでいましたが、私は「イファース」と呼んでいます。田中さんにその辺のこともコメントしていただきたいと思います。どっちがどうなのか、ですね。皆さん、期待していただくに足りるすばらしいお話になると思います。それではどうぞよろしくお願いします。

田中　ご紹介いただきました田中です。先日もこうした会合でお話しさせていただいたのですが、私は教員なので立って話をするのが当たり前だと思っていて、立って話を始めましたら、「座ってどうぞ」と言うんですね。「すみません、いつも立たされる身なので」と言いました（笑）。ありがとうございます。お勧めですから座ってお話しさせていただきます。

今日は、横浜国立大学の経済学部を卒業された方々が中心となって毎月開かれています研究会にお招きいただきありがとうございます。横浜国立大学と言えば、私が勤務していいます神奈川大学とは非常に深い関係があります。

国立大学と言えば、多くは立地する都道府県の名前をつけるのですが、関東では東京大学はじめ、千葉大学、埼玉大学、群馬大学、茨城大学……どこも都道府県の名前を大学名に使っています。それが、神奈川県では、国立大学ができる前に神奈川大学が「神奈川」という名前を使ってしまって、国立大学をつくったときには「神奈川」が使えなくて、横浜国立大学という名前になり……大変失礼しました（笑）。

でも、これはこれなりにお互いによかったのではないでしょうか。横浜国立大学は、全国でただ一つ「国立大学」という名称を使うということで私立大学と誤解されることはないことになりました。「国立」という名称を使った大学に「国立（くにたち）音楽大学」がありますが、あれはあれで、「国立」という誤解を、誤解のままにしておいた方が人気が出るようです（笑）。

実は、わが神奈川大学も、県の名前を背負っていますから、地方に行きますと「国立大学」だと、向こうが勝手に誤解してくれますので（笑）、私どもは決してその誤解を解くような浅はかなことはしないようにしています（笑）。

横浜国大と神奈川大学は、地理的に隣接していることもありまして、大昔は、まだ神奈川大学がバラックみたいな校舎のときから、黒澤清先生とか沼田嘉穂先生を非常勤にお招きしていたという話を聞いたことがあります。今でも、横国から何人もの先生に来ていただいています。この場をお借りして、御礼申し上げます。

この研究会で話をするようにとのお誘いは、会長の浅野純次さんから、実は、ずいぶん前から頂戴していたのですが、日程やテーマなどの調整もありまして、やっと会長からのご提案を頂戴した日程が、あの東日本大震災の直後の3月30日でした。結局、私の足を確保できなくて、今日に延期させていただくことになり、ご迷惑をおかけしました。

皆さん、地震の被害はありませんでしたか。都内は、地震のあとでも計画停電はなかったようですが、私は神奈川県民で、それも横須賀という三浦半島に住んでいます。幸いして、大学は春休みで……春休みというのは、本当は学生の話で、教員は休みじゃないんですけど、ほとんどの教員は学生と一緒にお休みしちゃいます、ほんとにうらやましい職業ですよね（笑）。

浅野会長は非常にきさくに私のような無名な教員の話も聞いてくれて、それだけでもうれしいのですが、こうして皆さんの前で話をする機会を与えていただき、感謝に堪えません。今日は、ご参加いただいた会場の皆さんの反応などに合わせて、お話しさせていただきたいと思います。そうは言いましても、私は会計学者です。どんな話をしましても、必ず会計の話に結びついてきます。では、会計の話が嫌いという方も、しばらく私の話にお付き合いください。

IFRSは「アイファース」か「イファース」か

イファースなのかアイファースなのかというご質問だったんですが、英米人は、私の知る限りですが、IFRS（アイ・エフ・アール・エス）と呼んでいます。舌をかみそうな発音ですから、英語以外の言葉を母国語にしている人にしてみたら、イファースとかアイファースと呼びたいんだと思うんですが、英米人に聞いたら「おまえ気をつけろ」と言うんですね。「Iで始まってfが続くのは危険な表現だ」と、「アイ、ファと言いかけて止まったら大変だぞ」「特に女性の前では禁句だ」と。fで始まる四文字語をご想像ください。イファースの方が無難だと言われましたので、ほかにも事情があるかもしれませんけれども、私が聞いたのはそんな事情でした。

もう一つご質問をいただいたのは、今の会計界はどうなっているのかという話でした。海外、特にアメリカの事情からお話しします。アメリカでは、会計学をやる人達が会計の実務から離れてきたという事情があります。アメリカは昔、アメリカ会計学会（AAA）というすごく活発な学者の団体がありました。そこで会計基準の原案みたいなのを公表して、会計の理論というのはこうなんだ、だから実務はこうあるべきだと盛んに世の中に提示して来たんですね。

ところがアメリカの会計基準を実際につくる団体がAICPA（米国公認会計士協会）という

会計士の団体からＦＡＳＢ（財務会計基準審議会）という民間団体に移ったのです。このＦＡＳＢは民間団体ですから、どちらかというとＳＥＣ（証券取引委員会）の手の上じゃないと動けません。そこが会計基準をつくり出した途端に、学者が会計基準づくりから手を引いてしまったものですから、ほとんど発言しなくなってしまったんですね。

学者が会計基準のことについて話をすると、あいつは実務を知らないくせにと、もちろん知らないんですけれども（笑）、そう言われますし、学者はそういうことに口を挟むものではないというところが、アメリカにはいまだにあるんです。

実証研究としての会計学が全盛

そのことがアメリカの会計学を理論研究から実証研究に向かわせました。データを集めて何らかの証明をしようという研究、この実証研究がアメリカは今真っ盛りなんです。そっちの世界に入ってしまうと、理論はもう発達しないです。

要するに理論というのは空理空論から始まるんですね。現実に今こうやっているけれど、暗雲垂れ込めているこんな実務じゃ問題解決しないじゃないか、空理空論と言われても構わないから、目標とか理想を掲げて、こういうところに行こうというのが理論の発展につながります。一段一段階段を登っていくのではなくて、大きな理論の改革ができるというのは、そういうところなんだろうと思うのですが、そういうのは実証研究からは絶対に出て来ないです。

アメリカの会計学がそうだったのと同じように、日本の会計界も、ついこの間までは企業会計審議会というところで、学者が中心になって会計基準を決めて来たんです。それが例の大蔵省の不祥事のあと、いろんな政治家の方々が動いて、大蔵省から権限を奪い取れということで、会計基準を設定する権限も企業会計基準委員会（ＡＳＢＪ）という名前の民間団体に移しました。

しかし、政府がコントロールしない限り民間団体がつくった会計基準なんて誰も守りはしないです。ですからいま企業会計基準委員会という民間団体が基準をつくっていますけれども、最後に必ず金融庁のお墨付きをもらっています。金融庁が「これが新しい会計基準だから順守するように」と言わない限りは会計基準として成り立たないです。

その新しくできた民間団体の企業会計基準委員会ですが、ここは実務家がベースです。いわゆる会計士の人達が集まって基準をつくります。となると途端に学者は何も言わなくなります。学者が会計基準づくりに参加していない以上は、片一方は情報をたっぷり持っているわけですね。基準をつくっている会計士の方は情報をたっぷり持っていて、その中で基準をつくっていきますから、外から批判するにも、情報が少な過ぎて批判しにくいんですね。

ということもありますが、もう一つは学者というのは、殻の中に閉じこもって仕事をすると楽なものですから、自分の村から出ようとしない。外に出て仕事をすると叩かれますが、私みたいに（笑）。自分のタコつぼの中で何かやっている分には誰からも批判されず、仲間同士で勤勉だなどと褒め合えばなんとなく学者をやっている気になります。学者は楽なものです（笑）。そういう学者が次第に増えて来ました。

それが必ずしも悪いと言っているわけじゃないのですが、例えばある人はリース会計の専門家、ある人は減損会計の専門家、ある人はドイツ会計の専門家、ある人はフランス会計、でも日本の会計制度や会計基準のことは知らない。アメリカの連結会計は知っている、けど日本の連結は知らない、アメリカの時価会計は得意だ、だけど日本の時価会計は知らない……という先生方が、みんなそれぞれ研究室の中に閉じこもっている状態なんです。そこから出てくることが難しい状態に日本もなったのかなと思います。

それが今の会計の世界です。40年ぐらい昔、横浜国大には黒沢清先生や沼田嘉穂先生がいらして、私がいた早稲田には佐藤孝一先生や青木茂男先生、若手では染谷恭次郎先生がいて、神戸には山下勝治先生がいて、当時は、日本にアメリカ流の会計学と会計原則がどっと押し寄せてきて、会計の世界がものすごい熱気に溢れていました。そうした時期から比べますと、今は寂しいですね。学会で議論することもありませんし、学界の外に向かって発信することもほとんどありません。会計学だけの現象ではないようで、日本の経営学も経済学も法律学も、似たような「タコつぼ化」と「相互不干渉」がはびこっているのではないでしょうか。

本音を言いにくい学界の事情

今、会計は学生には人気があります。学生は就職問題を抱えているものですから、会計のゼミはすごく人気があるのです。しかし教員に熱気がなくなってしまっている。非常に残念ですが、私もその世界に住んでいて、何とか会計学の熱い時代をもう一度呼び戻したいと思って、時価会計のときも議論を起こすために大反対したんですが、学界でまともに反対したのは私一人で、議論も論争も起きませんでした。学者も会計士も、経済新聞の誤報を鵜呑みにして付和雷同で突っ走ったところがあります。今どきは、時価会計を声高に主張する人は見かけません。若い学者の中には、昔のしがらみがありませんから、公正価値会計の欺瞞や問題点を指摘する人が出てきています。

今回の国際会計基準ですけれども、気持ちとして反対している方は結構いるんです。でも学者は臆病で、声を出したらあとでしっぺ返しを食うのをすごく嫌がるんです。それは実を言いますと大学のランクに合わせてそうなるんです。

あるときに、ある偉い先生が自分の弟子に言った言葉です。「右か左か議論が分かれるときには、どっちでも行けるようにしておけよ」と言うのです。賛否を問われるときには、答えを留保する、「ということも考えられる」と言っとけというのです（笑）。なぜかと言いますと、もし正直に自分の意見を言ってしまって、世の中が違う方向に行ってしまったら、「おまえ、生きていけないだろう」というのです。私も大蔵省や郵政省などで委員や委員長をやってきましたが、東大などの一流大学の先生ほど決して自分の意見を断言的には言わないのですね。「……ということも考えられるのではないか」とか「……とすることもありうるのではないか」……右に行っても左に行ってもいいように、それでも自分の意見はあるということをほのめかしながら発言していたような記憶があります。特に議事録を残す会議のときは、東大などの先生方はすごく慎重な、官僚と同じようなどっちにも取れる発言をしていたように思います。

その点、私は神奈川大学なので気楽なんですね（笑）。何を言っても大学に傷をつけることはありませんし、大学の仲間から文句を言われることもないので、それで時価会計のときも自分の考えをしっかり言わせていただいたんです。

国際会計基準も30年以上も前から動きをフォローしていました。私は昔、イギリスの会計を専門に研究していて、――私も昔は「タコつぼ」に入っていたのですが（笑）、イギリスでは1970年代から国際会計基準が一部で使われていました。ロンドンの証券取引所が、最初は、上場企業にイギリスの会計基準と国際会計基準（ＩＡＳ）の両方を順守することを要求していたんです。その後、国内企業は適用を免除されて、国外で設立された上場企業にだけＩＡＳが適用されたのです。そんな事情から、ＩＡＳの動向や変遷については強い関心を持ってみてきました。

最初のうちは国際会計基準自体がいわばエスペラント語でしたから、誰も使わないものを、言葉は悪いですけれども、会計士の先生方が学問ごっこをやっていたところがあった。こういう基準を世界基準にしたらどうなんだ、固定資産の会計というのを国際的に統一したらどうなるんだとか、減価償却は定額法だけにして定率法を禁止したらどうかとか、どこも使わないものですから、各国の代表もお国の利害に縛られることなく、机上の空論とは言いませんが、実務界も真剣ではなかったし、学者も特に注目はしていなかったんです。

でも国際会計基準（ＩＡＳ）がイギリスで実際に適用されたり、ＩＯＳＣＯという国際的な機関によって認知されるようになってきてから、急に現実味を帯びて来たんですね。現実味を帯びて来た途端に基準をつくっている人達が、自分達の権限を意識し始めたんです。その国際会計基準をつくって来た人達のほとんどはロンドンにいる方々です。なぜロンドンなのか。これがなかなかわかってもらえないので、今日はその辺の話からさせていただこうかと思います。

おカネがなければ会計はいらない

予備知識として、「歴史から読み解く国際会計基準」という話をしたいと思います。この「歴史」がちょっとわかると、「ああ、今の国際会計基準というのはこういう位置にあるのか」というのがわかっていただけるかなと思うんですね。

会計はおカネのあるところで育ちます。子供がお小遣い帳を使うのは、1年間に2回だけです。正月にお小遣いをたっぷりもらって、使い始めておカネがなくなると小遣い帳をつけなくなります。次は夏休み、お盆のときにお墓参りに帰ってきたおじさん・おばさんにお小遣いをもらったときです。このときもお金を使い果たしたら、小遣い帳はほったらかしです。

家計簿も、給料をもらったあとはしばらく使っているのですが、おカネがなくなると、女房もほったらかしにしています。おカネのないところには会計というのは育たないんですね。そのせいか、このところわが家でも女房が家計簿をつけているのを見たことがないですね（笑）。

世界で最初におカネが集まったところが、イタリアのヴェニスとかヴェネツィアのような商業都市でした。そこではまだ工業化されていなかったため、会計まではいかず、簿記が育ちました。その後、世界の3大市場と言われているイギリス、アメリカ、日本に会計が伝播していくんですけれども、必ずしも他の国になかったわけではなくて、ドイツはドイツの会計、フランスはフランスの会計が育っています。にもかかわらず世界の会計というのは、イギリスで生まれてアメリカで育って日本に伝播して来た会計です。なぜでしょうか。

イギリスが18世紀に産業革命を経験したときに必要だったのがもちろん資本です。工場を建てて、機械を導入して、製品を運ぶための運河や鉄道をつくって……大金が必要でした。そんな大金を集めるために、イギリスでは直接金融という、おカネを持っている人から少しずつ集めるという形の資本市場がつくられていくんですが、そこで一番大事だったのが、記録と信用です。間接金融と違って、会社の中身がわからないとカネを貸してくれる人がいません。おカネを出そうという人も、儲けているのか損しているのか、帳簿があるのかないのか、その帳簿やお金を誰が管理しているのか……帳簿のない会社なんかに投資なんかできない。

元国税庁長官の大武健一郎さんの受け売りなんですが、中国には800万社の会社があるけれど、帳簿を使っているのはわずか5%の40万社しかないんだそうです。ということは、あとはどんぶり勘定。儲けているんだか儲けていないんだか、財産がどれだけあるのか全然わからない。中国に限らず、たぶん世界のほとんどはこの状態なんだと思うんです。

イギリス産業革命とアメリカの鉄道狂時代

私達、日本に住んでいますと、どこの会社にも帳簿があって、どこの会社も複式簿記を使っていて、どこの国にも会計基準があってと、誤解しているんじゃないかと思うんです。そんな国なんて数えるほどしかない。それがイギリスの場合には、最初に会計制度が定着して、資本市場に会社が上場して、そこで自分の会社の決算書を見せることによって資金を集めるような、いわゆる今の資本市場の原型、つまり、企業が必要な事業の資金を一般の投資家から直接に集めるという「直接金融」の形ができ上がったんだろうと思います。そこには帳簿があるだけでなく、当然、帳簿や財産をチェックする会計士もいましたし、会計報告のためのルール、会計原則もありました。

その後、アメリカが鉄道狂時代を迎えたわけですが、アメリカには資本がありませんから、資本を集めようとすると海を越えたイギリスからしかない。イギリスはおカネだけ出すということはしませんから、おカネと一緒に、金融の制度は持っていく、会計士も連れていく、会計制度も連れていく、会計基準もみんなイギリス流のものをアメリカに持ち込みました。その結果、イギリスによく似た直接金融を前提とした資本市場がアメリカにも誕生しました。そのときに、イギリスがアメリカについでに持っていったものは何か。英語と会計士と宗教なんですね。

アメリカの鉄道狂時代が終わって、今度は日本なんですが、戦前の日本の証券市場というのはかなり怪しげなところが多くて、儲かるかもしれないけれど紙くずになる可能性も非常に高いような証券市場だったのを、戦後、アメリカが日本に入ってきたときに、日本もアメリカと同じような資本市場をつくらなければだめだと言って、日本に持ち込んできたのは、同じ資本市場、日本に向いた税制、それからアメリカ流の会計基準でした。今も昔も、アメリカから日本に会計基準が回って来ているんですね。

イギリス発の会計が日本へ

日本ではそれまでの会計というのは、ほとんどドイツの会計を取り込んで来ていました。日独伊の三国同盟の影響もあったろうと思うのですが。それまで日本の会計学者というのは、ほとんどがドイツ会計学を研究してきたんです。戦後、アメリカから会計学が入って来るようになってから、アメリカの会計学を研究する人達が非常に増えてきて、今はドイツ会計の研究をやっている人は少なくなっているのかなと思うんです。

幸か不幸かはわからないんですが、日本にアメリカが持ち込まなかったものは、宗教と英語と会計士じゃないかと思います。アメリカが宗教を持ち込んでいたら、今頃私達はクリスチャンでした（笑）。日本に英語が強制されなかったのはよかったのか悪かったのかわかりません。英語を押し付けておいたら、今日のスピーチも「レディース・アンド・ジェントルメン！」で始まったかもしれません（笑）。日本人の語学音痴を知っていたのでしょうか、日本に英語を押し付けなかったために、会計士も何とか日本人の会計士を認めてくれた。こうして世界の会計、イギリスを発祥地とする企業会計がアメリカに渡って日本に来たんです。

その間、他の国はどうだったのか。大きな会計先進国で言いますと、ドイツ、フランスがあります。ドイツはコンツェルンの国でどちらかと言うと、コンツェルン企業グループの中で資金やものを効率的に運用するための会計です。今でいうと管理会計に近い会計が行われています。いまだにそのとおりです。外部に報告する会計も、今はありますけれど、やはり主流にはなっていないです。

フランスの会計は国家会計です。国が計画している経済計画に必要な情報を出させる会計。プラン・コンタブルと言っていますけれども、非常に画一的な会計をやっています。よく「大統領のための会計だ」とおっしゃる方もいます。

EUは何のために結束したのか

欧州連合（EU）が誕生する話ですが、この話をしておかないと話の続きが見えにくいのでお話しさせていただきますと、2度の大戦で、特に西ヨーロッパがどうしようもなく疲弊しました。ドイツやフランスは2度とも大戦の主戦場でしたから、工業力は半分以下になったと言われています。第2次大戦後、財力というか国力が残っていたのは、ソ連とアメリカです。ソ連はヨーロッパにしてみたら北からの脅威でした。アメリカにしてみたら、ヨーロッパを疲弊したままに放置すればソ連によって共産化されてしまう。それを恐れたアメリカは、マーシャル・プランという名の欧州復興計画を立てて、ヨーロッパの救済に走ります。

アメリカは当時のお金で100億ドルという巨額の援助をしましたが、経済的にはアメリカの生産物をヨーロッパに輸出することでアメリカ企業の財布をうるおしましたし、政治と軍事の面ではソ連の西ヨーロッパ支配にブレーキをかけることができました。この時代は、ヨーロッパの人達にしてみますとアメリカは守護神的な存在でしたし、アメリカにしてみたらヨーロッパは自国の産物を大量に消費してくれる巨大なマーケットでもあったんですね。

アメリカとヨーロッパが共存共栄してきた時代は、東ヨーロッパがソ連の支配から解放されて終わりました。全長155キロもあったベルリンの壁が1989年に崩れて、翌年には東西ドイツが統合され、さらに1991年にはソ連が解体されて、北からの脅威がなくなるわけです。

これでヨーロッパは安全で幸せな時代を迎えたのかと思ったらとんでもなく、今度はアメリカが脅威になってきているんですね。アメリカがなぜ脅威になってきたかと言いますと、アメリカの事情です。アメリカはこれまで世界で一番富める国だったんですが、国家財政の面では軍事費や宇宙開発費がかさんで、また国内産業の面では「ものづくり」で稼ぐ力とマーケットを失って、金融に軸足を移してきました。アメリカは従来、中間層といいますか自分の家を持ち、ウイークエンドは高級車でレストランに食事に出かけ、子供を大学に行かせることができる人たちの層が非常に厚かったのですが、最近ではその中間層が極端に薄くなりました。中間層からの、言葉は悪いんですが搾取が終わって、富は全部上の方にいってしまった。富が上の方の少数者に集まってしまいますと、アメリカの企業はもう国内では稼げないんですね。アメリカの企業が稼ごうと思っても、例えば保険会社が儲けようとしてもアメリカでは保険に入る中間層がいないわけです。その点、日本はいいですね。誰でも保険に入ります。80歳になるまで入れる保険もあります。保険大好きな国ですから（笑）。

ものづくりでは稼げなくなったアメリカ

アメリカはものをつくっても、もうアジアの技術にもアジアの価格にも勝てない。ものをつくっても売れないわけです。富める人達が次は何で稼ごうとしているかというと、医療ですが、でもアメリカの国民を相手にした医療ではとても稼げないです。カネを払える人がいないんですから。その点、外国にはいっぱいいるわけです。アメリカの製薬会社にしてみますと、日本人の「薬好き」はたまらないでしょうね（笑）。眠れないと言っては睡眠薬、胃が持たれると言っては胃腸薬、ちょっと頭が痛ければ鎮痛剤、何でもなくても、やせ薬にビタミン剤……（笑）。

教育もそうです。私も現在、イギリスのウェールズ大学東京校というところで教えているんですが、外国の大学がどんどん日本に入って来ている事情は、自分の国では教えようにも学生がいないんです。授業料を払える人が少なくなってきているんですね。そういう事情からアメリカにしてみれば、このままの状態が続けば、自分達がどんどん貧しくなっていくしかないのです。ものづくりも医療も教育も保険も、アメリカ国内では稼げなくなったのです。残されたのは金融、あるいはそれに近い企業売買M＆Aみたいなところ、そういうところでしか稼ぐところが残されていない。

アメリカはついこの間まで、企業利益の5割以上をものづくりで稼いでいたのが、今3割切っているんですね。逆に今では金融業がこの国の企業利益の3割以上を稼ぎ出してきているのです。金融業というのは、ものをつくったり、ものを輸送したりするときの潤滑油のはずだったのが、ものを運ぶ仕事はないけれども、運送業だけが発達しているような（笑）、そういうような妙な現象がアメリカに起きてきました。彼らにしてみても稼ぐ場所を探している時代にきたんじゃないかなと思われます。今の日本の大学も似たようなもので、教育を受ける学生が減ってきているにも関わらず、教員の数だけ増えているのです。大教室でマイクを使って講義をしているのですが、学生はちらほら……アメリカの産業界と金融界は、これと同じ状況になり、一つの国の中では成り立たなくなってきて、食指を国外に伸ばすしかなくなったのです。

ヨーロッパは小国連合

それをいち早く感じ取ったのが西ヨーロッパで、北からの脅威、つまりソビエトからの脅威が消えた、ヨーロッパに「平和の春」が訪れたと思っていたら、とんでもないことに大西洋を挟んだアメリカが脅威になってきたのです。ふだん、私達はアメリカが西ヨーロッパに軍備を持って乗り込んでいくということは、予想もしないかもしれませんが、今はアメリカがアフガンだとかイラクだとか、アジアの特定の地域を攻めているけれど、きっとアメリカにはアジアは攻めるけどヨーロッパには攻め込まないなんていう区別というか分別はないと思います。ヨーロッパにしてみますと、すぐ足もとのアフガニスタンが攻められて、イラクが攻められていますから、いつ自分のところにアメリカ軍が押し寄せて来てもおかしくない。

私達がいつも見ている世界地図じゃなくて、ヨーロッパの人達が使っている、日本が一番端っこ、ファーイーストにある世界地図を見てみますと、ヨーロッパというのは、大西洋を挟んでいますが、アメリカ大陸と本当に近いのですね。海を挟んだパリとワシントンの距離は、東京とカンボジアの距離と同じです。大陸間弾道弾などは必要ない近距離です。アメリカがその気になったら、要するに攻撃する理由を見つけたら、ヨーロッパのどこの国にでも軍隊を送り込んでくるのは間違いありません。日本人は能天気なので気がつきませんが、ヨーロッパの人たちは、「貧したアメリカ」が「富めるヨーロッパ」に食指を伸ばしていることを敏感に感じ取っているのだと思います。

ヨーロッパ人がアメリカを脅威に感じるのは、おそらくは、私達が、日本海という海を挟んでいても、中国や北朝鮮を脅威に感じるのと同じなんだと思います。

そのヨーロッパですが、イギリス、ドイツ、フランス、スペインといった世界を制覇するばかりの勢いを持っていた国がいっぱいありますから、ヨーロッパは大国が集まっているといった印象があるかもしれません。実は、ヨーロッパには、ごちゃごちゃと小さい国がいっぱいあるんですね。EUを構成しているのも27カ国あります。ではその27カ国に大国はあるのでしょうか。日本の土地は38万平方キロ、人口は1億3000万人です。私達、日本は小さい国だ、小国だと言っていますけれども、EUで日本より面積の大きいところは、フランス（55万平方キロ）とスペイン（51万平方キロ）とスエーデン（44万平方キロ）ぐらいなんですね。どこも工業化されていないじゃないですか。しかも山岳地帯が多い、農業国です。

私達が非常に大きいと思っていたドイツが35万平方キロですから、日本よりちょっと小さい。イギリスは24万平方キロ、日本の6割ぐらいで、本州くらいの面積です。経済のパワーは国土の面積よりも人口の多さに比例します。労働力と消費力です。人口で言いますとドイツが8000万人とやや日本に近いんですけれども、あと6000万人超えている国はないんですね。イタリアもイギリスもフランスも6000万人ぐらい。つまり日本と比べると、ヨーロッパの国は、国土も人口もみな小さい国なんです。

そんな小さい国が何十とヨーロッパに集まっていて、しかもその国は何百年もかけて資源を争い、領地を争い、覇権を争って戦ってきた国同士です。隣の国はあてにならないんですよ。自分の国が攻められていても隣の国がかばってくれることはまずない。何百年もそういう経験をしてきた国にしてみますと、アメリカが自分のすぐ近くのイスラム圏に軍隊をどんどん派遣してくるようになると、いつ自分のところに来るかわからないと思うわけです。日本は、万が一、どこかの国から攻撃を受けてもアメリカが助けてくれるといった能天気な雰囲気が支配していますが、ありえない話です。アメリカが助けてくれるとすれば、それがアメリカの国益にかなうときだけであって、日本の国益なんか100%考慮されないと思います。アメリカ人がそれほどお人よしですか、お人よしなのは、私達日本人ですよね（笑）。

ヨーロッパの対米戦略

アメリカからわが身を守るためにヨーロッパは何をしたかというと、EUという連合国家をつくって対アメリカで結束をしたんですね。時代は、イギリスなどが「小さな政府」を目指していたときです。それがEUの小さな国々が「大きな政府」で団結したのです。現在のEUは、構成国27カ国、人口は5億人、GDPは名目18兆4000億ドル、上場会社の時価総額8・3兆ドル、上場会社数は8000社、これだけ大きな政治的・経済的な組織になれば、アメリカも一目置いた態度を取らざるを得ないはずです。

彼らにしてみたらアメリカに対抗することが唯一の目的で、ほかに目的はありませんから、例えばEUの中でこういうことをやろうじゃないかという話が出てくるときに、必ずそれがアメリカの対抗力になるかどうかで判断されます。憲法をつくろうじゃないかという話もそうでした。対アメリカで結束するのに憲法なんていらないじゃないかと言うことで、憲法が否定されました。つまり彼らにしてみたら、何のために団結したのか、宗教も違う、人種も違う、言葉も違う人達が集まって何かをやろうとすると、目的が一つでないと、力が分散されますから、彼らは「対アメリカ」で結束したんです。

そのとき、彼らが考えたのが、やっと少し会計の話に入ってくるんですが（笑）、資本市場としてアメリカに対抗できるものをつくろうということでした。つまり自分達が何かやろうとするときに、いつもアメリカが資本を持って来るのを待っていたのでは、マーシャル・プランのときみたいにアメリカがおカネを持ってくるのを待っていたのでは、いつまでたってもヨーロッパは自立できません。

ですからヨーロッパにちゃんとした資本市場をつくろうということです。アジアには東京市場がある。アメリカにはニューヨーク市場がある。それと同じように同じぐらいの規模の資本市場をつくろうという話です。それからが大変なんですね。

ＥＵ諸国では、会社の制度が国ごとにまるで違う。会社法が違う。会計基準が違う。会計制度が違う。会計士が違う。国によって全く違うものを一つの制度にまとめるのは至難の業です。何せ27カ国もあるのです。そこでＥＵでは、やむをえないから証券市場で使われている連結財務諸表のための会計基準を統一しようとしました。会計士は各国の試験を受けて実務についている人たちがすでに存在しています。ですから会計士資格を統合するのは非常に難しい。こうした資格は後まわしにしたのです。

会計基準も各国にあることはありますが、ここが幸せだったのかもしれないんですけれども、ドイツはドイツの会計基準、いわゆるコンツェルンの会計基準ですから、アメリカに対抗するような資本市場の会計基準にはならないです。フランスも国家会計ですから、これも対アメリカというような、そういう資本市場をつくったときの会計基準にはならないです。なりうるのはイギリスの会計だけなんです。

ヨーロッパには、今紹介しましたように、会計先進国がイギリス、ドイツ、フランスと3カ国がありますが、会計に対する目的観といいますか、会計哲学がまるで違うのです。ただ、イギリスの会計基準だけは、そのままEUの会計基準として表に出しても、十分アメリカに対抗できますし、日本にも対抗できます。何せ会計の世界の親分というか生みの親ですから、そういう意味ではヨーロッパはイギリスを頼りにするしかなかったんですね。会計基準をつくることに対しては、イギリスを頼らざるを得なかった。

かといって、ドイツやフランスにしてみたら、にっくきイギリスの会計基準をそのまま使うのは気に入らなかったでしょう。何せ、イギリスは、ドイツやフランスと違ってEUと距離を置いていますし、EUを運命共同体としていないところがあります。ユーロ圏にも入っていません。それが「天の配剤」と言うんでしょうか、先ほど紹介しました国際会計基準（IAS）なるものが世界中の会計士の団体によって文書化されていたのです。しかも、エスペラント語だと揶揄されてきたIASを、IOSCOという国際的機関が認知する姿勢を示したものですから、一気に実用基準になる可能性が出てきまして、EUはこのIASをEU域内の会計基準として使う方向でまとまったのです。

IASは、もともとどこかの国で実際に会計基準として使うことを想定していませんでしたし、それだけに、IASに関してはイギリスもアメリカも自国のカラーや利害を強く主張することもなく、やや中立的に決められてきたという性格が、フランスやドイツにも受け入れられたのではないかと思います。

とは言いましても、IASは、直接金融の世界、つまり、企業が必要とする資金を資本市場において調達することを想定していて、そこでは投資家へ投資勧誘のための情報提供をするのが会計の仕事でありますから、過去の決算としての個別財務諸表よりも、企業集団の連結財務諸表が向いているはずです。実際にも、IASは個別企業の決算をするための基準ではなく、企業集団が投資家に「こっちの水は甘いよ」と言って投資を促すために作成する連結財務諸表のための基準なのです。

そうした目的で会計基準を設定してきたのは、世界の会計先進国ではイギリス、アメリカ、そして日本でした。国際会計基準の設定主体であるＩＡＳＢ（国際会計基準審議会）という機関を、ジュネーブじゃなくてロンドンに残したのはそこに意味があるんです。ところが、しばらくすると、ロンドンとＥＵはぶつかり合うんです。

ＥＵの同等性評価

ＥＵが使う会計基準として、ＥＵ版の国際会計基準をつくるとき、ＥＵは大人なんですよ。どの点で大人かと言いますと、日本の会計基準をチェックするんです。アメリカの会計基準もチェックする。それで自分達の会計基準とここが違う、あそこが違うと、受け入れられるところは直そうじゃないかと、どっちも直そうじゃないかと言って、相互に少しずつ手直ししたんです。お互いの会計基準にある大きなデコボコをならす作業をコンバージェンス（収斂）と言います。

ある程度までコンバージェンスが進んだ段階でＥＵが言った言葉です、「日本の会計基準はこれでいい、私達ヨーロッパで使っている会計基準と実質的に同等である。同等であるからこれから日本の会社がつくった、日本の会計基準でつくった連結財務諸表をＥＵの資本市場はそのまま受け入れる」と言うんですね。もう修正も何もしなくていい。そのまま受け入れるのです。

アメリカに対してもコンバージェンスを求めましたが、コンバージェンスが進んだ段階で言うんですね。「アメリカの会計基準は自分達の会計基準と同等である」。だから、アメリカのUS－GAAP（USギャップ、米国会計原則）と言うんですが、「アメリカの会計基準でつくった連結財務諸表をヨーロッパはそのまま修正なしで受け入れる」と言うんですよ。これはすごい大人だと思いませんか。

「同等性評価」と言うのですが、同等かどうかはどうやって決めたのでしょうか。それは、投資家がヨーロッパが設定した会計基準（EU－IFRS）で投資の意思決定をするのとほぼ同じような意思決定ができるかどうかで判断したと言うのです。投資家がEUの会計基準（EU－IFRS）を使って投資の意思決定をしても、他の会計基準（例えば日本基準とかアメリカの基準）で投資の意思決定をしてもほぼ同じような意思決定ができるならば、会計基準の文言といいますか書かれているルールが違っても、それはヨーロッパの会計基準と実質的に同じである、同等の基準であるとしたのです。日本の会計基準もアメリカの会計基準も、EUから「同等」であるとの評価を受けて、現在は、EUでは日本の企業やアメリカの企業が、それぞれの国の会計基準に準拠して作成した連結財務諸表を調整表とか修正なしで受け入れています。

「受け入れる」と言われた方は、じゃあヨーロッパでつくった連結財務諸表をどうするかということを決めなきゃいけないですね。アメリカはいち早くヨーロッパの会計基準でつくった連結財務諸表をそのまま無修正で受け入れることを決めています。ここがあとから問題になるところですが、ただし「外国の会社がヨーロッパの会計基準でつくった連結財務諸表はそのまま受け入れる」が、アメリカの企業が国際会計基準で連結財務諸表を作成することは認めない、と言うのです。

日本はどうしたか。日本は「EUの会計基準でつくった連結財務諸表であれば、それをそのまま受け入れる」ことにしました。日本はアメリカよりも、今回は珍しく大人の対応で、日本の会社がヨーロッパの会計基準（IFRS）で作成した連結財務諸表もOKとしました。日本は、EUの会社だけではなく、アメリカの会社も日本の会社もIFRSで連結財務諸表を作成することを認めたのです。

ここで話が終わっていれば、会計基準はEUバージョン、日本バージョン、アメリカバージョンができていて、お互いに相手の基準を認め合う、これで解決したはずなんです。これだったら特に何も問題は起きなかったんです。

欲を出したロンドン

ところがロンドン、つまりＩＡＳＢが欲を出してしまったんです。ＥＵとロンドンというのは違うんですね。ＥＵはイギリスだけでなく、大陸のフランスやドイツの意向を無視できませんけど、ロンドンにあるＩＡＳＢはフランスやドイツの意向と関係なく、ＩＦＲＳを世界中に伝播しようと動いたのです。ロンドンがどんな欲を出したかというと、ＩＡＳＢはヨーロッパの27カ国が使う会計基準をつくったわけです。27カ国の会計基準がまとまったときに、イギリスが次に声をかけたのがコモン・ウェルス（英連邦）の国々です。

コモン・ウェルスの国々というのは、旧イギリス領であったりイギリスの植民地であったところですが、イギリスは植民地を「君臨すれど統治せず」という政策をとったこともあって、旧植民地の多くはいまだに女王陛下を象徴としています。そうした国が現在58カ国あります（人口は17億人、世界の人口の25％）。イギリスに何か言われたら、特別な不都合がない限り、今までほとんど「イギリスに倣え」の国々です。イギリスが会社法を改正すると、ニュージーランドもカナダもオーストラリアもみんな一斉に改正します。会計基準を改正するとみんな一斉に改正します。１９８０年代にイギリスがカレント・コスト会計という時価会計の基準を設定したときは、カナダもオーストラリアもニュージーランドも、そのときはアメリカまでもイギリスの時価会計基準をコピーしました。

そんなにイギリスに対して忠誠心が強いわけではないんです。だけどイギリスのやるとおりに改正しておけば楽なんです。会社法の改正とか、会計基準を設定するにはすごい時間もかかるし、カネもかかるし、人手もかかります。それをイギリスが審議して、イギリスが会計基準を変えたというのに合わせて、他の国々が一斉に変えておけば、自分達は何もしなくていいわけです。ただしそのままやるわけではなくて、自分の国に都合の悪いものは捨てればいいわけですから、その点だけ非常に柔軟にイギリスの言うことを聞いている国々が58カ国あるんです。

本当にIFRSを使っているのか？

その58カ国のうちの何カ国は、私達が使っている会計が使えません。パキスタン、バングラディッシュ、シンガポールなどのイスラム圏の国々です。イスラム圏の国々は、私達が常識的に考えている「おカネを貸して利息を取る」ことができませんから、そういう意味で国際会計基準なんていう受取利息とか支払利息が出てくる会計が入ってきたら大変です。ですから彼らは自分達の会計基準を持っていて、国際会計基準の仲間には入ってこない。残りの55カ国はロンドンの言うとおりにＩＦＲＳを採用すると言っているのです。

最初に27カ国のＥＵがあって、そこに55カ国が一緒にやろうじゃないかと入って来たときに、一気にロンドンはこれなら世界中に伝播できるという自信を持っちゃったんですね。もうこれで、すでに80何カ国になるわけですよ。あとは小さな新興国に声をかけていけば、すぐに１００カ国になります。ロンドンから声をかけられた国にしてみますと、「賛成！」と手を挙げることは簡単です。「国際会計基準を使っています」と手を挙げること自体は簡単なんですよ。使ってなくても構わないんです（笑）。誰も調べにきたりなんかしないんですから（笑）。今、ＥＵ27カ国が使っていることになっています。あと50何カ国、コモン・ウェルスの国々が使っていることになっています。でも本当に使っているかどうか、誰も見になど行きません。

ドイツもフランスも国際会計基準を使っている国なんですけれども、実務的にはかなりルーズというか柔軟で、自分達に不都合なところは使わない。都合の悪いところは自国基準を使うという実態がだんだんわかってきたんですね。世界はどこもお付き合い上、「国際会計基準を使う」と言っているけれども、実際にはそんなに使っていないじゃないかということが、だんだんわかってきました。ＥＵでは上場企業にＩＦＲＳを強制適用していると言われていましたが、どうも実態は任意適用に近いようです。「わが社はＩＦＲＳを使う」と決めた企業だけに「強制適用」していると言うのですから、手を挙げなければ適用されないという話です。

ドイツとかフランスの実態は情報が入るようになってきましたが、しかし、コモン・ウェルスの国々なんて誰が調べに行くかです。会計士がいるかどうかさえわからない国がいっぱいあります。証券市場だって全部にあると思えないです。上場している会社があるんですか。サトウキビとか大麦なんかをつくっているだけのような国まで含めて、今110カ国が使っているということになっているけれども、実態は全くわかっていないんです。IASBも絶対に調べに行かないですね。もし調べに行ってみたら、どこの国も使っていないなんていうことがわかったら、IFRSは一気に瓦解するでしょうから。

IASBが想定する「投資家」とは誰のことか

国際会計基準を主張される方々は、「投資家のための会計」と言われるんですが、私達が一般に「投資家」と考えているのとはどうも違うみたいです。

私達が考えている「投資家」はどういうものか。事業に投資する、あるいは中長期の経営をやっている企業を探してくる。そして、少し長めの投資をして、株の値上がり益のキャピタル・ゲインも狙うでしょうが、配当のインカム・ゲインもしっかり狙うような、企業の成長と一緒になって自分の財産も増えていくような、事業をよく見て、収益力がある、できたら財務も安定している会社、これを探して資金を投下する人たちを、私達は「投資家」というときにイメージすると思うんですね。

でも、国際会計基準が考えている「投資家」はそういう投資家じゃないんです。ものすごく短期的な投資観で行動します。投資というより投機ですね。ギャンブルに近いようにも思えるのですが、よく考えますと、彼らはほとんどリスクを負わない投資を目指しているようです。

彼らは、今日、この企業を買収したら、買い取ったらいくらの儲けになるんだという情報を盛んに知りたがっています。今日この会社を買うとすると、いくらで買って、その会社の財産をバラバラに切り売りするといくら残るのか、その金額と株式市場の株価を見て、その会社を買収するかどうかを判断します。

専門家の話を聞いていますと、現在の株価の1・3倍から1・5倍でM&Aをかけるとだいたい成功するそうです。私が株を持っていたとして、今日の株価が1000円だとします。それを誰かから1300円で買うから売ってくれと言われたら、私なら売っちゃうと思います。ですから現在の株価の1・3倍でM&Aをかけるというのは結構、現実味のある数字なのかなと思います。

IASBが想定している投資家は、企業をバラバラにして売って残る現金と、株式市場の株価（時価総額）を見比べて、この会社は買い、この会社はまだだめ、その判別をできるような情報を欲しがっているんじゃないでしょうか。IFRSが想定している投資家は、こうした「企業解体の儲け」を狙っているのです。そのことについては最近いろんな方が指摘されています。企業がコモディティになったとか、企業が売買ゲームの対象になったとか、日本にそういう投資家がどれだけいるのかわかりませんけれども。

国際会計基準の特質

国際会計基準は「清算価値会計」だと言われたり、「企業売買会計」だと言われるのは、そういうところなんじゃないかと思います。これはアメリカがものづくりで稼ぐことができなくなって金融に軸足を移したという事情もあるのですが、今の投資家は、収益力が高いとかどんな事業で稼いでいるとかについてはあまり関心がないんですよ。その会社が収益力がいいからというのではなくて、その会社を買い取ってバラバラにして切り売りしたらいくら残るかが知りたい情報ですから、「ものづくりの利益」とか「当期純利益」などには関心がないんですね。

それよりも評価益、売却益です。売却したら上がる利益、評価益をすごく重視しています。私達は長い間、利益の計算というのは、いい物を安くつくって、それをたくさん売って、いわゆる売上高を大きくして、できるだけ費用を小さくして、利益を大きく上げるんだという会計に慣れて来たんですが、アメリカのようにものづくりができなくなった国、あるいはものづくりをしてもそれほど儲けられなくなった国にしてみれば、このものづくりの利益が損益計算書に出てくるのはすごく嫌なんですね。

同じ損益計算書を2枚並べられたときに、片一方はものづくりで十分な利益を上げている会社、もう一方は評価益しかない会社となると、やっぱり多くの投資家は確実な利益を稼いでいる会社の株を買おうとすると思うんです。最近、それを嫌って、英米は「当期純利益は表示してはいけない、営業利益もだめ」だとついこの間まで盛んに言ってきました。これは大変だというので日本も反対したし、他の国々も反対して、IASBも今のところは撤回しています。

ロンドンは、今のところは「当期純利益を表示してもいい」と言っているんですが、いずれ当期純利益や営業利益の表示を禁止する姿勢を崩していません。何を考えているかというと、当期純利益というのは、ものをつくって稼いだ利益、なおかつ分配しても資本を毀損しない実現した利益、なんです。キャッシュ・フローの裏付けのある利益が当期純利益なんです。

一方、評価益はキャッシュ・フローの裏付けはありません。実現もしていないです。でも評価益を思い切って前面に押し出そうとすると、困るのはキャッシュ・フローの裏付けとか、実現とか配当可能とか、そういう概念なんですね。

国際会計基準は2500ページぐらいのものなんですけれども、その中に収益や利益に関して「実現」という言葉を一回も使ってないんです。実現した利益を報告させないというのは遠大な計画で、10年以上も前から考えていたことらしい。つまり、実現じゃなくて、発生したと思われる、観念的に儲けたと思われる利益を出すのが会計だ、というのです。あくまでもこれは企業を売ったり買ったりしたときに、それが実現するだろうと思われるところを出させようと言うんですね。

日本は今のところ反対していますし、ヨーロッパも反対しているんですが、ロンドンは、今は一部の国が反対しているから営業利益や当期純利益を表示してもいいけれども、いずれこれは廃止するという姿勢を崩していないのです。

間接法が使えなくなるキャッシュ・フロー計算書

キャッシュ・フロー計算書という、いわゆる第3の財務諸表と言われているものがあります。これは二つつくり方があって、一つは売上高からスタートする計算書、これを直接法と呼んでいます。もう一つは当期純利益からスタートする方法で、間接法と言います。世界中の企業ほとんどが当期純利益からスタートする方法、つまり間接法でキャッシュ・フロー計算書をつくって公表してきたんです。

間接法によるキャッシュ・フロー計算書は、社外の人間でも、2期間の財務諸表、つまり前期末の財務諸表と当期の財務諸表があれば、簡単につくることができるという長所があります。直接法によるキャッシュ・フロー計算書は、社内の詳しい会計データが手に入らないとつくれないのです。

ところがずいぶん前に、ロンドン（ＩＡＳＢ）がキャッシュ・フロー計算書は売上高からスタートする直接法に限るということを言い出したんです。何でそんなことを言うのか最初はわからなかったんですが、しばらくして気がつきました。彼らは、当期純利益からスタートさせることを嫌っているのですね。国際会計基準を考えている人達は、当期純利益を表示させないということが目的ですから、そうすると、キャッシュ・フロー計算書も当期純利益からスタートする方法、つまり間接法では都合が悪いのです。残ったのは売上高からスタートする方法なんですね。この直接法は手間ひまかかる上に、会社の外部の人にはつくることができないという問題もあります。

ＩＦＲＳは原則主義

もう一つ、恐ろしい話をちょっとしますと、「ＩＦＲＳは原則主義」という話です。会計のルールは必要最小限にして、あとは書かれた原則を各企業が解釈して適用するという考え方です。

この話を理解してもらうために、ときどき、会計の話の前にゴルフの話をするんですけれど、例えばゴルフのルールは三つしかないとしましょう。原則主義です。今の国際基準に合わせますと、第1のルールは、ゴルフクラブはアメリカ製のものを使うこと。第2のルールは、ボールはイギリス製のものを使うこと。第3のルールはフェアプレイでやれ。あとはルールなし。ということになったら皆さんどうしますか。

ティーショット打ちますね。ボールがどこかへ行ってしまった。打ち直しのペナルティは何打だ。何も決まっていないんですよ。皆さんならどうしますか。池に落ちちゃった、ペナルティどうしよう。自分のボールを踏んじゃった。何もペナルティは決まっていないとすると、皆さんならどうしますか。それが皆さんの会社の社長や取引先の重役だったら、皆さん、「見て見ぬふり」をしてください（笑）。どうせゴルフなんかお遊びの世界です。決して全米オープンとか全英オープンをやっているわけではありませんし、テレビの放映もありません（笑）。しかも社長にとって便利なことにゴルフはセルフ・ジャッジですから、空振りしようがチョロしようが、ロストボールのはずのボールが自分のポケットから出てこようが、自分が申告しない限りノー・ペナルティです。やっぱり社長はいいですね（笑）。

ところが会計の話に戻りますと、国際会計基準というルールブックには「書いていないときはフェアプレイでやること」としか書いてないのです。しかし、私達日本人は、いいえ、アジア人もイギリスを除いたヨーロッパ人も「フェア」と「アンフェア」の違いがよくわかりませんから、「フェアプレイで」と言われてもどうしたらいいのかわからないです。

そうなりますと、よりどころは、「昔どうしてた」、「きのうまでどうしてた」ということになりませんか。あれは1ペナだったな、これはノーペナだったな。ついこの間まで頼っていたルールブック、いらなくなったとして捨てたはずのルールブック、つまり自国基準をまた引っぱり出してきませんか。たぶんそうすると思うんですよ。

リースは何%からどうするなんて、そんな%の書いてある基準もIFRSには何もないんです。そうするとアメリカの実務家は、「国際基準に書いていないけれども、昔どうやっていたんだ」と、昔の2万5000ページをまた引っぱり出して来て、その中から昔どうやったかを捜し出すんじゃないでしょうか。だったら何のことはありません。国際会計基準と言いつつ、アメリカの会計基準で決算やるのと変わらないじゃないですか。

アメリカのルールブックは2万5000ページあるんです。ちょうど国際会計基準の10倍ある。ちなみに日本の会計基準はだいたい4900ページ、国際基準の2倍ぐらい。この2万5000ページは、どの1ページも、いらないのにつくったわけではないんですね。不思議なことなんですが、今盛んに国際会計基準とアメリカの会計基準のコンバージェンス、いわば同じにする作業、一体化をどんどん進めていますが、全部進め終わったら何をすると思いますか。全部終わったらアメリカの2万5000ページを捨てて国際基準の2500ページに移ると言うんですよ。今2万5000ページの中でヨーロッパの会計基準と合わないところを、一生懸命直している。日本も同じですけれども、直し終わったら日本も4900ページの会計基準を捨てるんですよ。それで新しい会計基準に全面的に移行すると言うんです。こんなばかなことを世界中でやろうとしている。

これはちょっとした理由があるんです。EUとの約束でIFRSとのコンバージェンスを進めているのですが、それはEUによる「同等性評価」を完結させるためにやっていることであって、IASBとは関係のない話です。どこまで日本基準とIFRSのコンバージェンスを徹底しても、いずれ日本基準を捨ててIFRSに移行すると言うのですから、やっている作業自体はものすごく無駄なんですね。ということにアメリカもやっと気づき始めたんです。「なんだコンバージェンスが終わったら、自分達の基準は捨てるのか」。「捨てるのは困るな」というのが一つの反応でしょう。

もう一つは、捨てたあとどうするんだ。つまり2500ページしかないですから、原則的なものしか書いていない。しかも大事なことは、捨てたUS—GAAPは個別財務諸表に適用する基準で、新しく採用するのは連結財務諸表に適用する基準（IFRS）です。2万5000ページの個別財務諸表用の基準を捨てたら、残るのは連結用のIFRSです。IFRSは連結用の基準です。個別に適用することは全く想定していない基準です。このミスマッチにアメリカもやっと気がついたようです。

日本もそうだと思うんです。4900ページ捨てて2500ページに移ったときに、数値基準は何もないですから、これどうしよう、50%超えているとかいないとかいう話になったときに、「昔どうしてた、昔のルールブックを持ってこい」。昔の会計基準を引っぱり出して来て、「50%超えているからこうしなきゃだめだよ」という話になるんじゃないでしょうか。何せ、捨てるJ－GAAPは単体（個別）用の基準で、移行するのは連結用のIFRSです。

「単体には適用することを想定していないはずのIFRS」で単体の財務諸表を作成、つまり、個別企業の決算をすると言うのですから、これは「暴挙」と言うか「無知」と言うか、日本が一番気にする「世界の評価・評判」からすれば、「世間知らず」「井の中の蛙」「まねはできるが判断はできない国」「会計音痴」「（日本は）黙ってついてくればいい」「カモ葱」です……、また日本の悪口を言ってますが（笑）。

しかし、IFRSは原則主義しかとれません。原則主義になれば各国・各企業は、国際会計基準を使うと言いながら、それぞれの自国基準で財務諸表をつくることになるでしょう。日本は日本の会計に、アメリカはアメリカの会計に戻るんだろうと思われるんですね。

そのことをやっとアメリカの会計士や監督機関や経営者の人達が気がついたんです。要するに会計基準を変えると言ったって、表向きラベルを変えるだけじゃないか。アメリカ会計基準というラベルをぺろっと剥がして、国際会計基準というラベルに張り替えるだけじゃないか、しかしやることは同じなんだ、ということに気がついたんです。

そしたらコンピュータ・システムを変えるカネのことが気になり出した。1社について平均43億円かかるというデータも出たんですよ。多いところではこの10倍、430億円もかかるでしょう。1社平均43億円もかけて何をやるのか。要するにラベルを張り替える作業だけです。「US－GAAPに準拠して作成した連結財務諸表」に「IFRSに準拠して作成した連結財務諸表」という新しいラベルを張る、それに数百億円もかかると言うのです。

これは無駄だろうということや、これで誰が儲かるのか最近盛んに言われてきて、著名なコンサル会社やコンピュータの会社や大手の監査法人に批判が集中しています。口の悪い学者に言わせますと、「国際会計基準の中身をよく知らないくせに、上場会社の弱みに付け込んで金を巻き上げようとしている」とか「内部統制のときも監査法人に大金を巻き上げられたけれど、何のことはない、当の監査法人が内部統制なんかやっていないではないか」……うーん、これは当たっていますね。もっときついのは、「わが社にIFRSを押し付けて巨額のコンサル料を取っておきながら、自分の会社はIFRSを使ってないじゃないか」という声です。そういえば、富士通もNECも野村総研も……あのコンサル会社もコンピュータ会社も情報処理会社も、もっと言いますと、日本を代表する製造業の会社もＩＦＲＳを使ってないのです。

ルールどおりに適用してはいけない「離脱規定」

それともう一つ、原則主義をとる理由はイギリスが伝統的に原則主義の国だからです。イギリスはもともと細かいことを決めない国で、慣習に委ねるというところが非常に強い国なんですね。ですから今でも憲法を持っていない国です。そういう人達は原則主義に慣れ親しんでいるんです。

ただ慣れ親しんでいるんですが、私はイギリスの会計を20年ほど研究して、イギリスにも2度ほど留学して博士論文もイギリスの会計制度をテーマにして書いたんですけれども、イギリスの会計ってすごく大変だなと思ったのは、各企業が一つのことを決めるのに、日本でしたら例えば去年、減価償却で定額法を使ったから、じゃあ今年も定額法を、と「継続性の原則」と言いますが、去年使ったものを今年、ごく当たり前に使っていきます。

こうした実務はイギリスでは認められないです。償却資産が去年と同じ状況にあるのかを検討し、去年と状況が変わっているなら、償却方法を再検討しなければいけない。固定資産の耐用年数も残存価額も新しい状況が生まれていれば再考しなければならない、と考えるのです。これがイギリス流の専門家の意見が尊重される世界なんですね。日本にしてみたら、アメリカもそうですが、「継続性の原則」が強く働いて、去年と同じにやっていれば経営者にとっても監査人にとっても免罪符ということになっています。

ところがイギリスではそれが免罪符にならないんです。去年と同じ方法を使っていて、もしかして企業の実態をちゃんと表さないんだったら、去年の方法を使ってはいけない。「離脱規定」と言うんです。自分達でルールをつくったんですけれども、これとは別に「ルールをそのまま守っちゃいけない」というルールがある（笑）。

会社法の中にもあるんです。法律の中に「この法律どおりに財務諸表をつくった結果、自分の会社の実態を表さないときには、その規制から離脱して自分でルールをつくり直せ」ということが書いてある。会社法のルールどおりにやってはいけないと書いてあるんですよ。

もう20何年も前ですけれども、最初私はイギリスに留学して、その規定に気がついたときびっくりしました。これは面白いと言うので、いろいろ調べて日本の学会で報告したんです。そうしたらたくさんの偉い先生からもお叱りを受けました。なんとお叱りを受けたか。「日本にそんな離脱規定を持ち込んだら、日本の決算はめちゃくちゃになるじゃないか、どこの会社も離脱するじゃないか」と言われました。「そういうことではなくて、日本の商法とか会計原則に書いてあるのは、あくまで原理・原則で、細則・実務のレベルでは原理・原則から外れる必要もあるのではないかと思うんですけど」と言ったんですけれども、結局、日本では法律に書いてあること・

会計原則に書いてあることは100%正しいことで、これから少しでも外れるのは商法違反・会計原則違反になると言うのです。

アメリカにもそういう離脱規定があります。カナダ、ニュージーランド、オーストラリア、コモン・ローの国々では、みんな同じ規定を持っているんです。要するにあるルールがすべての企業にストレートに適合するということは保証されていませんから、基準をつくるときにそこまでチェックをしないですよね。採掘業にも製造業にもリース業にも、全部に適応できる基準というものはつくったにしろ、特定の業界や特定の会社にしてみたら合わないことがありうるはずなんですね。コモン・ローの国ではそのことを認識しているんです。

ですからそのときには経営者は必ず会計士とよく相談して、会計士と合意に至ったら法や会計基準から離脱しなければなりません。その考え方が国際会計基準にも入っているんです。これは最初、ドイツとフランスがすごく反対しました。そんな会計はけしからんと言って反対したんですが、説得されてイギリス流の、離脱規定が国際基準にちゃんと入っているんです。

国際会計基準が原則主義で行くとすると、企業が決算で好き勝手やってしまう危険があるので、もう一つ別の仕掛けがあるんです。「実質優先原則」という考えです。自由にやっていい範囲は広いけれども、その中で自分の会社が最も実質・実態を表す方法を探せと言うんですね。ですから法律どおりにやって実質・実態を表さないんだったら、法律から離れろと言うんですよ。法律に従ってはいけない。

「法やルールに従ってはいけない」、などという法や会計基準は、日本では絶対につくれませんね。でもヨーロッパ（英語圏はどこも同じです）にはそういう基準ができていますから、自分の会社、自分の企業に適用したときに、この会社法のこの条文が合わないとなったら、自分の会社に合うルールを自分でつくらなきゃいけないんです。それで投資家に説得できないといけない。ですから経営者の責任は非常に重くなってくるんです。IFRSを日本企業が採用するとすれば、そういう世界が待っているのです。日本の経営者や会計士はちゃんと対応できるのでしょうか。私が心配してもしょうがないかもしれませんが（笑）。

誤訳の責任は誰が取るのか

そういう会計、つまり実質優先原則という考えが会計の基本にあって、それを可能にするための工夫として離脱規定が機能している会計が世界でどの程度行われていたかと言いますと、コモン・ローの国々と、コモン・ウェルスの国々ぐらいですね。あと他の国はどこへ行ったって法律は守るもの、基準は守るためにつくられていますから、国際会計基準の考えがなかなか馴染まないと思います。国際会計基準にそういう規定が入っているということに気がついたら、どう考えるでしょうか。今は、離脱規定はすごく小さな扱いなんです。日本でも知らない人が圧倒的に多い。会計学者も会計士も知っている方を捜し出す方が難しいくらいです。

国際会計基準の解説書で英語版を日本語に訳したものがたくさん出ています。それを読んでいましたらdepartureという言葉が出てきたんです。私は20年前に学会で報告しましたから、あのこと（法律、基準からの離脱）だなと思って訳語を見たら「出発」と訳してありました（笑）。何だこれは、と思いましたね。英語の本当の意味を知らずに訳すんですから、無責任を通り越して犯罪に近いです。この「出発」という訳を使って財務諸表をつくることはないでしょうが（笑）、間違いだらけの、すいません、言いすぎですが、間違いがあるかもしれない……これなら大丈夫でしょうか、そうした間違いが含まれているかもしれない日本語訳のＩＦＲＳに準拠して決算をするというのは、問題なしなのでしょうか。誤訳が原因で、外国の投資家から訴えられたら、誰が責任を負うのか心配です。

今、国際会計基準に関する解説本が、本屋にズラーッと並んでいます。それらの解説本がＩＦＲＳを日本語に訳すときにどの訳書を使っているかというのは全然わからないです。一応ＩＦＲＳの公式訳は出ているんです。でも公式訳を使って解説書を書いている出版社は少ないようです。多くの解説本は著者が所属する監査法人の翻訳を横流ししています。困ったことに、原語が書いていないんですよ。専門用語にカッコ書きで原語が書いてあると、あのことを言っているんだなとと、すぐわかりますが、原語が書いていないので、「会計基準からの出発」と訳されたら、誰も何のことかわからないと思います。いくつかの監査法人の本を並べて見てみますと、同じことを言っているのか違うことを言っているのかがわからないですね。わざとわからないように書いているのかなと思ったりするんですが（笑）。

多くの解説本はＩＦＲＳの紹介だけで、その解釈とか解説はほとんどしていませんから、それですと英語版のＩＦＲＳを翻訳しただけの本になるわけで、そうなりますと著作権の問題が出てくる気がするので、それで公式訳を使わないのかとも思ったりするのですが。でも会計基準は法律のようなものですから、法律には著作権はないですよね。そうしたことを考えますと、ＩＦＲＳの公式訳だからといって著作権を主張するというのもおかしいですね。

会社の経理担当の方が、監査法人の方に、解説書に書いてあることがよくわからない、と聞くそうです。監査法人の方が、「わからないところは監査法人がちゃんと教えます」と言うのだそうですが、よくわからない解説書を書いたのは、当の監査法人ですよ（笑）。

今の翻訳の話をしますと、昔は公認会計士協会の中に国際部というのがあって、ＩＡＳの翻訳をやっていたんです。それがあとに日本に会計基準委員会ができて、そこが翻訳をするようになりました。今までで4種類の翻訳が出ています。２００1年版から２０１1年版まで4種類、つまり11年間で4回しか出ていないのですね。新しい会計基準が出ようが改訂されようが、何年も公式訳が出ないということです。

これからも会計基準が改訂されてもすぐ日本語にするということはかなり難しいので、すぐには公式訳は出ないだろうと思われます。しかし実務は待ったなしです。何カ月かすれば出るかもしれませんが、ただ膨大な量が出ますから、基準委員会みたいな小さなスタッフで対応できるかという問題もある。

それよりも問題なのは誤訳したときに誰が責任を取るのかということです。そういう問題を秘めていること自体は基準委員会の主要メンバーがもう認めているんです。万が一、自分達がこれこれこういう訳をしたときに、外国で仕事をしている会計士から、これ違うよと言われたときにどうするんだということです。すでに公式訳になってしまっていますからね。

２０１１年5月26日に金融庁に呼ばれて、会計基準を担当している企業開示課の課長やなんかと、いろいろ意見交換したんです。意見交換というよりは私が一方的に話をして来たんですが、そのときにもお話ししたのは、翻訳は民間団体に任せるわけにいかないんじゃないですか。会計基準を翻訳すると言っても、単なる日本語化ではなくて、法律をつくるのと同じです。しかも翻訳するには解釈が入って来るわけですよ。解釈するのを民間団体に任せて、誤訳だったときの責任もあるし、解釈が違ったときの責任もある。そのときにもし誰かから訴えられたら、「我々民間だから知らないよ」というわけにいかないじゃないですか、という話をしてきました。

会計基準をつくるというのは法律をつくるというのと同じ意味合いを持っているのです。会計基準を翻訳するというのも、解釈を伴う以上、法律をつくるのと変わらないはずです。やっぱり政府が何らかの形で関与して、責任取れる体制に持っていかなければいけないんじゃないですか、という話をして来たんです。会計基準の翻訳というのは、すごく時間も手数も頭も必要になって、要するに会計がわかっていて、英語がわかっていたって、それだけではだめなんですね。

翻訳というのは日本語能力ですから、今、英語教育を盛んに言っていますけれども、小学校で英語教育というときに必ず言われるのは日本語教育が先だろうということです。日本語がしっかりしていない限り英語なんかいくらやったって無駄じゃないかという話です。翻訳をする方々が、英語ができるのは当たり前です。会計を知っているのも当然なんですよ。でも日本語能力が非常に高くないと、しかも想像力が相当豊かでないと、翻訳というのはできないと思うのですね。

太宰治の『斜陽』という作品の中に「白足袋を履き、袴を着けた老人」の姿が出てくるんですが、それを英語に翻訳した方が、白足袋ですから最初は「ホワイトソックスを履いた老人」としたけれども、ちょっと想像してみてください。英米で「白い靴下を履いた老人」では滑稽なだけです。そこでこれを西洋の老人に置き換えてみたら、白い手袋じゃないかということで「ホワイト・グローブを嵌めた老人」と訳したんですね。欧米で「白い手袋を嵌めた老人」と言えば相当の威厳を持った高貴な人を連想すると思います。だけどそこまで意訳と言うか改訳したら、これ、翻訳ですか。超訳ですね（笑）。

会計基準も原文にはこう書いてあるといちいち注釈をつけない限りは、翻訳というのはできないんじゃないかと思うんです。それだけ恐ろしいことを民間団体に任せて、「俺知らないよ」と言うのは金融庁としては無責任じゃないかと、そのとおりには言いませんでしたけれども、言って来ました。

金融庁が気にしていたことは、国際基準になったら日本の会計はどうなるのかとか、国際基準をどう適用したらいいのかとか、そんな話ではないんですよ。日本の会計はどうあるべきかという根本のところを聞いてきたので、やる気があるとは思いましたけれども。彼らにしてもどっちに行ったらいいのか、すごく悩んでいるんだなということがよくわかりました。

アメリカの戦略的会計基準

「会計基準が国を守る」という話をさせていただきます。アメリカの会計基準を見ていますと、非常にいい加減な基準があるんですが、ちょっと考えると、アメリカやその産業界にとっていい加減さが必要な基準がいっぱいあります。アメリカはエネルギー産業を非常に手厚く扱っている国です。エンロンがあれだけ大きな事件を起こしえたのも、何年間もずっと異常なことをやってこれたのも、よく言われるようにブッシュの手厚い保護もあったでしょうけれども、会計基準があいう不届きな会計処理を認めていたんですね。

つまり来年の利益も再来年の利益も、いつでも前倒しで計上して構わない、こんな会計は普通ありえないじゃないですか。ところがエンロンのやった手は、例えばどこかの会社とこれから10年間にわたるエネルギー供給契約を今日結んだとしますね。結んだらその日に10年間分の売り上げを全部計上できるような会計です。でもキャッシュ・フローは全然ついて来ないんですよ。ですからエンロンの場合はキャッシュ・フローが全然ついて来なくてポシャった、というところがあるんですけれども、アメリカはエネルギー政策の一環としてそういう会計を堂々と認めてきたのです。

エネルギーで言いますと、映画「ジャイアンツ」の話をするとぱっとわかってくれる方が会場にたくさんいらして話が早いのですが（笑）、「ジャイアンツ」では、砂漠みたいなところで、ジェームス・ディーンが石油を一生懸命掘っていますよね。周りのみんなからばかにされながらも。でも石油を掘り当てたら億万長者になるという話です。アメリカは今のところ消費している石油の3分の1は自給自足できるんだそうです。あと8年ぐらいはもつと言っています。

しかし3分の2は輸入しなければならない。あるいは天然ガスとかシェールガスのような代替エネルギーを使わないといけない。輸入は中東からが主ですから、アメリカにとっては大変な国々から輸入するんですけれども、そこからの輸入が止まっちゃったら、アメリカは戦闘機は飛ばせない、軍艦も動かせない、ただでかいだけの国になっちゃうわけですね。

アメリカはそれが心配で盛んにエネルギーの確保に動いているんです。ずいぶん昔からなんですが、油田を掘って失敗すると当然これは損失ですよね、当たり前の話ですが。油田を掘る会社というのはみんな小さいです。一獲千金を狙った山師みたいなのが集まって会社をつくって、一発やろうじゃないかと油田を掘るんですが、失敗したらごめんねでは済まないわけですよ。次の油田を掘れなくなりますから。

それでどうしたかというと、1本掘って失敗したら、貸借対照表の繰延資産にあげよう。損失処理しなくていいことにしたのです。失敗した試掘の費用を資産に計上して構わない。何本も掘っていけばいずれ油田に突き当たるだろうから、当たったら損失も帳消しになるんだろうからというので、掘って失敗したら全部資産計上するという経理をずっと認めてきたんです。国からすると石油を掘る会社がなくなるよりはいいのです。1本でも掘ってくれた方がいいわけですね。

かといってあの国は、国が税金をつぎ込んで石油を掘るなんてことはしない国ですから、民間のおカネで何とか掘らせようとします。民間のおカネで掘らせようとするには、会計で何とかサポートしようというところがどこかあって、ああいうジェームス・ディーンが何人か出てくれば、石油が豊富な国になるということでやってきたのです（笑）。

アメリカのエネルギー業界の会計もおかしいですが、ＩＦＲＳでは他の業界もへんな会計をやろうとしています。一つか二つだけ紹介しますと、最初は、生命保険の話です。皆さんは間違いなくどこかの生命保険会社と死亡保険とか医療保険などの契約をしていると思います。簡保の契約もあります。

保険会社は、将来の死亡率とか利子率とか事業費率などを勘案して契約者からいただく保険料を決めるのですが、ＩＦＲＳでは、保険契約を結ぶということは、その契約から将来、儲けが出ると計算しているのだから、その儲けを、契約した今年の利益に計上すると言うのです。

もう一つ、もっとわかりやすい例を挙げます。不思議を通り越して、笑っちゃう話です。農業の会計基準（ＩＡＳ41号）というのがあり、そこでも時価会計が使われるのです。今、畑にタネを蒔いたとします。お米でも、バナナの苗でもサトウキビの苗でもいいのですが、ＩＦＲＳでは、タネや苗を蒔いたら、すぐに、その収穫から将来どれだけ利益を稼ぐことができるかを計算して、タネや苗を植えた年度の利益に計上するのです。

将来、それがいくらで売れるのか、いや売れるのかどうかに関係なく、「取らぬタヌキの皮算用」をするのです。タネを蒔いて、芽が出てきたときに大雨とか台風でやられたら、今度は損失を計上すると言うのです。まじめに考えていたら、あまりにばかばかしくて笑っちゃいますよね（笑）。今、国際会計基準が子供の遊び、正直に言いますと「ガキの遊び」で振り回されているのではないでしょうか。

日本の動向

そろそろ日本の動きを紹介しなければなりません。日本の財務諸表は会社法上の財務諸表と金融商品取引法上の財務諸表があって、この二つの法律でつくる財務諸表は役割が違います。同じ「財務諸表」という名前がついているために、多くの人たちは同じ役割のものだと誤解してきました。なんと会計で飯を食っている会計学者も公認会計士もそろって誤解していたところがあります。

会社法上の財務諸表は、これは切れば血が出る財務諸表なんですね。課税される利益を計算する、この利益から配当する。会社法の財務諸表は実際に財産が動く会計をやっているんです。「切れば血が出る」会計です。ここでは会社の財産は最後の1円まで誰のものかを決める会計が行われています。ですから、公表する財務諸表は千円単位とか百万円単位のものであっても、課税とか利益の配当ということになりますと、1円単位の財務諸表が必要になるのです。

長年にわたって所有してきた不動産を今年売却して売却益を出せば、今年の損益計算書に「特別利益」として計上されます。その利益を今年の株主だけに配当として分配するのがいいのか、それとも過去の株主が残していった利益と考えて資本の増強に充てるのがいいのか、現在の株主・過去の株主・将来の株主の間で利害が対立することもあります。

もう一方の金融商品取引法上の会計というのは、企業グループを一つの会社と見なしたときに、どういう財務諸表になるか仮につくったとしたらこうなりますよという、虚構の財務諸表を公開させるのが目的です。投資家を勧誘するための財務諸表です。世界では、投資先を決めるのに個々の企業、例えば親会社の財務諸表ではなく、連結財務諸表を見て投資先を選別します。国際的には個別財務諸表は一般には出さないのが普通なんですね、日本は出していますけれども。

逆に言いますと、会社法上に連結財務諸表があっても、あれはもともといらないものですね。株主にしてみたら、（連結の）企業グループから配当してもらうわけではないですし、企業グループに配当請求するわけではなくて、自分が株を持っている会社から配当をもらうのです。企業集団の財務諸表というのは、参考資料として出ているだけです。あれは決算書ではない、投資を勧誘するための参考資料です。

そういう意味では日本は、会社法上も金融商品取引法上も、連結財務諸表と個別財務諸表の両方ともつくって、両方とも公開しているという、世界でもまれな国なんですね。ほかに同じことをしているのはフランスぐらいです。フランスは計画経済のために連結と個別をつくらせているという特殊な事情があるのです。最近になってやっと、世界で国際会計基準を適用するのは連結だけだというのが、日本でもだいたい知られて来たんじゃないかと思います。

日本の産業界も最初のうちは、ごく一部の方々、ＩＴ関係の会社とか商社の方々、監査法人らしいんですが、国際会計基準で行くことを主張され、連結も単体も国際会計基準で行くんだ、というのを盛んに言っていて、金融庁も産業界の意向をやや誤解していたところがあったようです。財界がＩＦＲＳで行くことで意見が一致しているんだと、そういうふうに勘違いしていたところがあったようです。

金融庁が、じゃあ日本も国際会計基準で行こうという話をしていたところ、すぐ側にある経済産業省からそれはないだろうと異論が出てきました。経産省からは、こんな国際会計基準を日本に導入したら、日本の産業はぶっ潰れるぞという警鐘が盛んに鳴らされました。経済産業省は独自に委員会をつくりまして、三菱電機の佐藤行弘さんをチーフにして、委員会報告書をまとめて、各界に配りました。あれで金融庁も気がついたんですね。日本の産業界は一枚岩じゃないんだと。

経産省の報告書というのは、ものづくりの会計をやるには国際会計基準は向かない。ものづくりにはものづくりの、中長期の視点に立った会計観を持たなきゃいけない。そのためには伝統的な、収益はキャッシュ・フローの裏付けのある収益を計上する。費用は保守主義で、予想される損失は早めに計上する。そういう伝統的な、私達は「サウンド・アカウンティング」と呼んで来たんですが、「健全な会計」を我々は目指すべきであることを訴えています。

この報告書は、国際会計基準みたいな、ものすごいショートな投資観にたって、今日この会社を買ったらいくらだ、売ったらいくらだと、そういう会計とは呼べないものを導入するのではなく、日本のような「ものづくり」「製造業」に適した会計をやるべきだと提言しています。

揺れ続けた日本のリース会計

世界の動きをちょっと紹介させていただきますと、日本の政治家が国会で会計基準の問題や会計制度の問題を取り上げるなんてことはまずありません。代々の総理大臣がこの会計基準はけしからんとか、何とかの会計基準をこうすべきなんて、そんな話をしたことを私は知らないんですが、アメリカでもヨーロッパでも大統領や国会議員が堂々と議会で会計問題を取り上げています。ブッシュ大統領が盛んに「ストック・オプションの会計基準なんか絶対に認めない」ということを言っていたのは、彼自身にたぶん巨額のカネが入ってこなくなるか、入ってきたお金がいくらなのかが明らかになるのを嫌ったのだと思います。フランスのサルコジ大統領もその前任のシラク大統領も議会で会計の問題を取り上げています。サルコジ大統領は国際会計基準の問題はG20で検討することを主張されています。特に時価会計を徹底的に批判しています。

会計基準は国の産業を左右する力があるのです。会計基準は決めようによっては産業を起こすこともあるけれども、産業を潰すこともあるんですね。その点では税と同じです。特定の事業や産業の税を重くすればその産業は衰退しますし、税を軽減する措置をとればその産業は繁栄します。税だとわかりやすいのですが、会計基準も同じような機能と言いますか役割を果たすことができるのです。

今、アメリカは盛んに自分の国の国益や産業に有利になる基準をどんどんつくって、先ほどの石油の話もそうですけれども、自分の国が栄える基準をつくってきました。それが今度ヨーロッパの基準とコンバージェンスすることになったときに、ヨーロッパからまともな基準と言いますか、アメリカに都合の悪い基準がつくられる可能性が十分あるわけです。つまり国際基準と言っても、どこかの国の国益に資するものであったり、逆に他の国の国益を害するものであったりするのです。

例えば、日本のリース会計基準というのは、揺れに揺れている会計基準です。昔からアメリカから日本にはリース会計の基準がないじゃないか、リース会計の基準をつくるように言われてきました。と言ってもアメリカのリースというのは、1件の単価が高い上に年数も長いんですね。日本のリース物件というのは、パソコンとかコピー機とか、机とか椅子とか、安いものがいっぱいあって、そんなものを企業が管理するのも大変だからリースにする。

確かに税金が安くなるということもあるかもしれませんけれども、多くの企業は現金でそんなものは買えるんですね。パソコンやコピー機100台だって買えるんだけれども、メンテナンスが大変だからリースを利用する。たぶん今コピー機がそうなんじゃないかと思うんですね。私の勤める大学にも300台以上のコピー機があるけれども、買い取って管理していたらあとが大変で、保守点検のたびに大変な騒ぎです。それをメンテナンス付きでもってリースにすると、大学は何もしなくてもコピー機は毎日ちゃんと動いていますから、そういうのがたぶんリース物件になっているんだろうと思います。

リースの状況が日米では全く違うんですけれども、アメリカが盛んに、日本もリース会計基準をつくれと言ってくるものですから、日本も最初のうちは、形だけリース基準をつくろうと言って、ずいぶん昔（平成5年）ですが、アメリカ版をコピーして、財務諸表の本体にリース資産とリース債務を掲げてもいいし、オフバランス、注記でもいいよとしたのです。で結局、貸借対照表上に計上した会社はほとんどなくて、みんな注記に落としちゃったわけです。

そうしたらまたアメリカから言われたんですね。バランス・シート本体に書かずに注記で済ませるのは抜け道じゃないかと。ちゃんとリース物件はリース資産とリース債務で掲げるべきだと言われて、さて困ったなということになりました。それで会計基準を改定したときに、今度はリース業界にアンケートをとりまして、リース物件というのは1件当たりいくらぐらいなんだと調査したら、平均300万円なんだそうです。そこで決めたことは、1件当たり300万円以下の金額的に重要性のないリース物件はオフバランスでいい、貸借対照表に載せなくていいという抜け穴をつくっちゃったんです。

３００万円以下というと日本ではほとんどのリース物件です。飛行機みたいな1機何十億円もするものと1台10万円とか20万円のオフィス機器などの平均で出した３００万円というと、企業の普通のリース物件は３００万円以下ですよね。会社がリースで使っている車でも、３００万を超える車というと、相当偉い方が乗っているものかトラック・ブルドーザーみたいなものであって、普通の営業車に３００万円を超える車なんて使っていないです。３００万円ルールという抜け穴ルールをつくったおかげで、日本のリース業界は今のところ安泰なんですけれども、またこれはアメリカから目を付けられるかもしれないです。

なぜかというと、日本のリース業界を潰してしまえば、アメリカのリース会社が日本に入って来られるわけですね。ちょっと際どい話ですけれど、他の業界も同じです。要するに日本の生命保険会社を潰してしまえば、アメリカの生命保険会社が日本の市場に入って来られるわけです。会計基準が今、保険業界なんかにもかなりきつい、やりにくい、わかりにくい基準をどんどん押し付けているのは、そうした意図を感じるところがあるとお感じの皆さんもいらっしゃるのではないかと思います。建設業界や土木業界などもターゲットにされていそうです。

会計基準が国を守る

ある国の産業を興す基準をつくれるということは、別の国の産業を潰す基準を簡単につくれるわけです。それも国際ルール、世界の約束だという会計基準だから、戦車を持ってくるんじゃないので、異論や反論を挟みにくい世界です。そういう力が会計基準にあるということで、アメリカやフランスでは会計基準について国会議員にしろ大統領にしろ、盛んに口を挟むんです。

アメリカの場合、会計基準がちょっとでもある産業に不利益な基準になろうとすると、その産業界から国会議員に大量に政治献金が行きます。もらった政治家は基準や規制を緩めようとします。最近の大きな例で言いますとSOX法、だんだん骨抜きになって来ました。

SOX法は、最初は非常に理想高く厳しい規制を設けようとしたのですが、もしかしたらSOX法を最初に出したときに、思い切りきつい基準で縛りつけておけば、規制を緩くして欲しいという業界から大金が入ると思ったのかもしれません。実際にもSOX法はだんだん骨抜きになっていったのは、会計業界からも産業界からも大量の政治献金が投入されて、それであそこまで落ち着いて、さらに2年ぐらいしたらまたハードルが低くなってという、これはアメリカの議会が、議員が会計基準に対する強い発言権を持っているからです。

アメリカの会計基準を決める法的権限を持っているのは、SEC（証券取引委員会）です。委員長はそのときの大統領の指名制なんですけれど、議会で承認を受けて、今、シャピロさんという女性の方がSECの委員長をやっています。議会はSECを支配している大統領に対しても発言できるところですから、アメリカの議会では会計基準をこうしろ、ああしろと盛んに議論されます。議論するとカネが入ってくるわけですね。

これが、アメリカも国際会計基準を使うとなったら、国際会計基準を決めるのはIASB、ロンドンですから、まさかロンドンにまで出ていって、基準をどうしろこうしろと、アメリカの議員が言うわけにいかないので、そうなったらアメリカの議員は大きなカネづるを失っちゃうんだと思うんですね。最近、ロイターなんかのニュースを聞いていると、議員が「会計基準をロンドンに決めさせていいのか」と、「こんなことをやっているとアメリカが支配されるぞ」ということを、たぶん、自分の財布を心配しているんだと思いますが、そういう声が聞かれるようになって来たと言われています。

2011年6月に、これまで国際会計基準を事実上リードして来たトゥイーディーさんというイギリス人がIASBの議長をリタイアするんです。去年（2010年）の暮れにはアメリカの会計基準をつくっていたIASBのハーズさんという委員長、どうしたものか電撃的に退陣してしまったんです。任期はまだ2年以上残っていたのに、辞めてしまった。この人はトゥイーディーさんと二人で、二人三脚で国際会計基準を世界に広めて来たんですけれども、辞任の理由は依然としてまだ明らかになっていないです。SECから辞めろと言われたのかというような情報もあったのですが、本人はそれはないと否定しています。

ハーズさんが辞めたあと、残されたトゥイーディーさんだけで片肺飛行できたのですが、2011年の6月末にトゥイーディーさんも任期満了でリタイアする。2期やりましたので戻っては来られない。これでIFRSという国際ジャンボ機を操縦してきた二人がリタイアして、IASBには経験のあるパイロットがいなくなっちゃったんですね。そうすると国際会計基準を引っ張って来た人達がいなくなります。これからどうなるのでしょうか。

アメリカと欧州の綱引き

あの世界大金融危機のあと、アメリカの金融機関は大量の不良債権を抱えたんですが、オバマさんが、大統領選挙のときに選挙資金を出してもらったお返しに、巨額の公金をウォール街に投入して不良債権の処理を強力に進めた結果、不良債権はほぼなくなったと言われているんです。アメリカの金融機関は、今では事実上政府の公的管理下に置かれているようなものです。その後も、オバマさんは自動車産業が破綻するのを避けるために、巨額の公的資金を投入しています。

アメリカはもう資本主義の国とは呼べないという声も聞かれます。

ヨーロッパの銀行もアメリカのせいでものすごい不良債権を抱えておりました。でもヨーロッパは不良債権の処理をこれから20年かけてやる予定でした。そのときに時価会計の基準を改訂して、何をしようとしたかというと、アメリカが主張したのは全面時価評価です。

何の評価をするかというと、負債も債権も全部時価評価すると言うのです。債権の中に貸付債権があります。貸付債権の時価評価をするためには、債権そのものを時価評価するんじゃないんです。貸した先の相手の会社の実態を見ないと時価評価できないです。この会社が100万円返してくれそうかどうかを評価するんですから、ものすごい手間ひまもかかる上に、それを本当に実際にやったらものすごい損失が出る可能性があります。

今ここ1週間、2週間ぐらい前からヨーロッパの銀行が、その不良債権を束にして売っていると言うんですね。要するに時価会計が適用されればとんでもなく手間ひまかかるものですからその前に何とか処分しちゃおうというのがあるんでしょうけれども、そういうのを見ているとアメリカは不良債権の時価評価を強引に、ヨーロッパの銀行にやらせたいんです。巨額の損失が表に出て来ると、ヨーロッパの銀行がバタバタ潰れるだろう、そこで自分達が出ていく番ですから。

非常に巧妙に仕組まれているんですけれども、もちろんヨーロッパは大反対をしています。猛烈に反対して、そんな会計基準は認めないと言って、国際会計基準のＩＦＲＳ９号と言うのですけれども、依然としてヨーロッパはその基準を拒否しています。これが一番大きい火種かもしれないんですが、もしそれが爆発したら国際会計基準は、ＥＵから「やめた」という国が出始めるんじゃないかと思われます。

ＥＵとしては自分達はＥＵのための会計基準をつくったはずなんですね。今、国際会計基準と言っていますが、そもそもはＥＵのための基準なんですね。それがアメリカを抱き込もうとロンドンが考えて、アメリカ基準とのコンバージェンスを進めてきましたが、アメリカを抱き込むとアメリカの力がどんどん入って来る。アメリカに都合がいいけれども、自分達に都合が悪い基準がどんどん入って来る。これはたまらない。だったら私達、国際基準でなくてもいいじゃないかと、今まで自分の国の基準でやって来たんだから、ということにフランス、ドイツが手を挙げたら、国際会計基準は一気に瓦解するんじゃないか、そういう心配があるんです。私としてはＩＦＲＳがさっさと瓦解して欲しいので心配はしていないのですが（笑）。

ＳＥＣと国際会計基準

それとアメリカ自体も本当は２０１１年6月までに、アメリカの基準と国際基準とのコンバージェンスを終えて、アメリカが採用するかどうかの宣言をするはずだったんです。ほとんど採用するという宣言をする予定だったんです。ところが２０１０年の春あたりから、先ほど紹介したＳＥＣのシャピロ委員長が、国際会計基準の中身がよくわからないと言い出した。前から言っているんですよ。国際基準の中身がわからないというのが一つ。

それから、国際会計基準をアメリカの企業に適用したときにどういう影響が出るかわからないとも言ってます。外国の会社は国際基準でつくった財務諸表をアメリカのニューヨークに上場しているんです。

ここはアメリカ企業の話なんです。国際基準の中身がわからない。これはいいとして、アメリカの企業にどういう影響が出るかわからないと言いつつも、従来はアメリカの企業に早期適用を認めていたんです。アメリカの企業に国際会計基準を使ってＳＥＣに届けてもいいよと言っていたんですが、突然、早期適用を認めないと言い出したんです。

ＳＥＣは気がついたんですね、アメリカ企業にＩＦＲＳを早期適用することを認めると、アメリカ企業にどのぐらいの影響が出るかわかっちゃうじゃないですか。どのぐらいの影響が出るか知りたくないんです、たぶん。とりあえず大きな影響が出るぞということが産業界からの声で出てくれば、それでいいんですね。そんな大きな影響を与えるんだったら、アメリカの企業にマイナスだから止めようじゃないかという話にしたいのです。

やめ方が難しいですよね。アメリカは一時、ＩＦＲＳの採用に向かって動いたこともあって、多くの国が、アメリカが行くなら私達も行かなきゃいけないということで、日本も半分ぐらい手を挙げているんですから。アメリカがずっと手を引っ込めるわけにいかないんですね。

投資家というのは、企業売買をやりたいという投資家が片一方にいて、もう一方には中長期の経営をサウンド・アカウンティングでやっているような会社に投資したいという投資家が必ずいるはずなんです。その比重は私はよくわかりませんけれども、少なくとも国際的に資金を流して企業売買をやろうとしている投資家は数の上ではそんなに多くないと思うんですよ。資金量は多いかもしれませんけれど。

一方、企業の側にも国際会計基準で財務諸表をつくって公表したいという会社と、日本の基準で財務諸表をつくってそれでいいという投資家に株を買ってもらいたいという会社と、2種類あるんじゃないですか。国際会計基準でやりたいという、例えば先ほど一部の早期適用している会社の話が出ましたけれども、その人達は自分達の身売り価格を計算しているという意識はないでしょうけれども、国際的な基準を使いたいというのであれば、日本はすでに早期適用を認めているのですから、そういうふうにやったらいいと思うのです。

でも日本企業はやらないですよね。IFRSの早期適用を認めて丸2年たっていますが、早期適用したのは、日本電波、HOYA、住友商事のわずか3社です※。日本企業にIFRSに移行するソフトを高く売りまわっていたIT関係の会社やコンサル会社は1社も早期適用していないじゃないですか。自分でつくった薬（ＩＦＲＳへの移行ソフト）なら、最初に自分で飲んでみるべきではないでしょうか。それを、自分は飲まずに他人に高い金を取って飲ませようというのは、いくら金稼ぎとはいえまともな商売とは言えないのではないかと思います。

自分の会社はものづくりだから、しかも中長期の経営をやっているので、国際会計基準みたいな時価でもって丸裸にする会計じゃない、まっとうな会計でやりたいとすれば、そういう投資家を求めたいというのであれば、そういう投資家の方々を勧誘したらいいと思うのです。そういう話をすると、証券市場が二つの会計基準が並立するので大変だろう、とおっしゃる方がいます。私は大変じゃないと思うんですよ。投資家はどっちかの財務諸表しか見ないんですから。

※　２０１２年８月現在、ＩＦＲＳを早期適用している日本企業は、日本電波工業、ＨＯＹＡ、日本板硝子、住友商事、日本たばこ産業の５社であり、２０１３年３月期からの早期適用を予定している企業はＳＢＩホールディングスとアンリツの２社である（東京証券取引所のＨＰによる）。

「投資家」が知りたい財務情報

国際基準で情報を出した企業を見る投資家はそれしか見ないんですね。日本基準でやった企業には自分達は関心がないわけですから見ないんです。今までも連結財務諸表についてはそうやって来たんです。アメリカに上場している会社はアメリカ基準で公表してきて、他の会社は日本基準で公表してきて、特別、支障はなかったんですよ。

トヨタの株を買う方が、「なんでこっち（日本の市場に上場する企業）はSEC基準じゃないのか」とは、誰も言ったことはないと思うんですね。逆もないと思うんです。普通の会社の株を持っている人達が「トヨタなんだから、日本基準で連結を出せよ」とは、私は聞いたことがないんですけれども。つまり投資家の方が賢いですから、ちゃんとそこのところを選別するはずなんです。

ですから投資家が求める情報というのが2種類あるのであれば、その投資家の求める方向に行けばいいじゃないですか。うちの会社を高く買って欲しいという会社は、国際基準で連結財務諸表をつくったらどうですか。うちの会社は、できたら中長期で株を持って欲しいというのであれば、日本基準で連結財務諸表をつくって公表をしたらどうでしょうか。たぶんアメリカはそういう方向に行くんじゃないかと思うんです。日本はアメリカのまねが大好きで、しかも得意ですから、アメリカがそうするのを待って、あとを追いかければいいと思うのです。

第5講　IFRS――見えてきた着地点

――「連単分離」と「任意適用」――

（TKC　IFRSフォーラム2012
2012年2月20日　六本木アカデミーヒルズ）

第5講は、TKCが主催する「IFRSフォーラム　2012」(開催地：東京・大阪・名古屋)における講演をベースにしている。なお、話の流れをつかみやすくするために、一部、2011年6月に開催された「IFRSフォーラム　2011」(開催地：東京・福岡・大阪・名古屋)および2011年12月に開催された産業経理協会(会社経理分科会)の講演内容を反映している。

様変わりした世界の会計

国際会計基準を巡っては、1年前（2011年2月）と今日とではまるで様変わりしているのではないかと思われます。例えば、国際会計基準審議会（IASB）のトゥイーディーさんなどが世界を駆け巡っていたのはちょうど1年前でしたけれども、1年前は、飛ぶ鳥を落とす勢いがありましたが、それから1年たった今日、まるで様変わりして、トゥイーディーさんの名前を聞くこともありませんし、日本の話でも「連結先行」を主張する人はほとんどいなくなりました。上場会社の全部に強制適用するんだといったいさましい話も影をひそめて、むしろ、IFRSを使いたい企業だけが使うという「任意適用」の線が非常に強くなってきました。

今日、皆さんに聞いていただく話は、一つは、世界のIFRSを巡る最新の事情です。もう一つは、日本がやみくもに「鎖国をするな」とか「世界に追いつけ」といった思考停止のまま拙速な対応を反省して、やっと少し冷静になって、IFRSが果たして日本のものづくりに適合するものかどうかとか、産業振興や雇用の確保といった国益に資するものかどうかを見据えて、きっちりとIFRSと向き合おうという姿勢が見えてきたことをお話ししようと思います。

EUは「任意適用」

ヨーロッパ連合（EU）の話から始めたいと思います。EUはすべての上場企業にIFRSを強制適用していると言われていますが、これにはいくつもの誤解がまじっています。ヨーロッパは全部の上場企業に強制適用しているわけではありません。日本には、EU諸国が全部の上場企業にIFRSを強制適用しているという情報が入ってきますが、実はごく一部しかしていません。例えばドイツ（フランクフルト証券取引所）であれば600社程度、フランス（ユーロ・ネクスト・パリ）も500社程度しか強制適用はしていません。

IFRSがEUの会計基準として採用されるという話が出たときには、EUの資本市場に上場している7000社とか8000社にIFRSが強制適用されるという情報が伝えられてきましたが、そうじゃないんですね。EUの資本市場には、規制市場と非規制市場があります。EU圏の資本市場を統合するということで、EUに統一的な会計ルールを設定するという話になったときに、各国の市場に上場している企業の中には自国の市場でしか資金調達しない企業もあるわけです。むしろそうした企業の方が大多数ですが、そうした中堅・中小の企業にまでIFRSを適用する必要がないということになりました。そこで資本市場を二つに分けたのです。

規制市場というのは、資本市場との関連でEUの統一的なルールが適用されるものですが、もう一つは、各国の独自の判断で制度を設計することができる「非規制市場」です。IFRSは、このうち「規制市場」に上場している企業にだけ強制適用されているのです。

ここだけ取り出してみますと、確かにEUではIFRSが強制適用されているように見えますが、そうじゃないんです。規制市場に上場してIFRSを適用するか、非規制市場に上場して自国の会計基準を適用するかは、実は各企業の任意なんです。

EUでは、各企業がどちらの市場に上場するかは自由に決められますし、いったん規制市場に上場してIFRSを適用することにしても、上場する市場を非規制市場に変えることは自由です。逆も自由です。いったん非規制市場に上場して、あとで規制市場に変えることもできます。つまり、EU諸国の上場企業は、IFRSを採用するかどうかを自由に決められるのです。EUではIFRSは「強制適用」ではなく「任意適用」なのです。

IFRSは連結財務諸表のルール

さらにEUに関しては誤解があります。ドイツもフランスも連結財務諸表にしかIFRSを適用していません。個別財務諸表、いわゆる単体ですが、ドイツもフランスも単体にIFRSを適用することはむしろ禁止されています。両国とも確定決算主義を採用していますから、単体にIFRSを適用すると課税上の問題が発生するからです。

昨年の6月に1回目のフォーラムがありました。6月21日でしたが、会場にいらっしゃった方も多いかと思います。ご記憶ですか。皆さんがこの会場で私の話を聞かれて家に帰ってからのニュースか次の日の朝刊に出た記事ですが、金融担当の自見庄三郎大臣が閣議後の記者会見で「IFRSを2015年から強制適用することはない」と宣言されました。

それから10日後の6月の30日ですが、この日はわが国にとっても世界の会計界にとっても非常に重要な日であったし、また実際に別の意味で記念すべき日になりました。

同等性評価

アメリカは昨年（2011年）6月30日までに国際会計基準をアメリカの企業に強制適用するかどうかを決めると言っていました。アメリカはその前から、EUとの間で、お互いの会計基準が同等であることを認め合い（「同等性評価」）外国企業がIFRSを使ってアメリカの資本市場に上場するのを認めてきました。日本もEUとの間で「同等性評価」をもらっています。

ですからヨーロッパの企業はIFRSで連結財務諸表を作成すればEUの市場でもニューヨー

クでも東京市場でも、そのまま連結財務諸表として受け入れてもらうことができるようになっています。アメリカの企業も日本企業も、自国の会計基準で作成した連結財務諸表でヨーロッパ市場に上場することができるのです。

日本の企業は、日本の会計基準でつくった連結をヨーロッパに持っていくこともできますしIFRSで作成した連結をヨーロッパに持っていくこともできます。IFRSで作成した連結ならアメリカの市場でも受け入れてくれます。日本では、10年3月期からIFRSを前倒しで採用すること（早期適用）を認めてきましたので、日本企業がIFRSで連結を作成すれば、日本でも、ヨーロッパでも、アメリカでも、受け入れてもらえるのです。非常に便利なはずですが、早期適用している会社は、今のところまだわずか4社しかありません※。

※　2012年8月現在、IFRSを早期適用している日本企業は、日本電波工業、HOYA、日本板硝子、住友商事、日本たばこ産業の5社であり、2013年3月期からの早期適用を予定している企業はSBIホールディングスとアンリツの2社である（東京証券取引所のHPによる）。

早期適用を禁止したアメリカ

問題はアメリカです。アメリカのSECは自国の企業に対してなんと言っていたか。つい1年ちょっと前ぐらいまではアメリカの企業も早期適用をしていいと言っていました。日本と同じです。日本も日本の企業に対して早期適用は構わないと言っています。アメリカもそう言っていたのが、突然、早期適用を認めないと言い出したのです。SECの委員長のシャピロさんが「アメリカの企業が早期適用することは認めない」「実績づくりは許さない」と言い出しました。

アメリカは昨年（2011年）2月ぐらいから少しずつ、6月30日までの意思決定は無理である、もっと遅れると言い出してきて、その次は11月ぐらいに意思決定すると言っていたのがそれもできなくて、年内は無理と言うので、まだいつごろになるかわかりませんけれども、今年（2012年）に入って言っていることは何なのか※。どうもアメリカは国際会計基準を使う気は全くないくせに、IFRSを使うふりを続けています。事情はいろいろあります。

※　2012年7月13日に、アメリカ証券取引委員会（SEC）はIFRSの採否に関するファイナル・スタッフ・レポートを公表した。IFRSの適用に関してアメリカ国内の慎重論や反対論が強いことや、アメリカの会計基準（US−GAAP）に比べてIFRSには十

分な指針が欠落（gap）している分野が多いことを指摘している。この最終報告書では、アメリカの財務報告制度にIFRSを組み込むべきかどうかの問題や組み込むとしたらどういう方法で組み込むか（コンバージェンスの継続、エンドースメント方式、コンドースメント方式など）に関してはまったく言及されていない。

オバマ大統領の「ものづくりの復活」

一つの事情は、オバマさんです。秋には大統領選挙を控えています。オバマさんが最近口にする言葉はいくつかありますが、今までのアメリカとは違うことを盛んに言っています。「金融立国」というような話ではなく、「ものづくりの復活」と「輸出立国」ということを盛んに言っています。何なのか。後ろには雇用問題があります。アメリカは非常に高率の失業を抱えています。

オバマさんが大統領になってから、失業者が2倍の1500万人になったと言われています。失業率は8・3％から10％台にまで上昇しました。オバマさんの支持層は主にヒスパニックなどの有色人種と低所得者層ですから、このままで選挙に突入したらオバマさんは絶対に勝てません。だから、失業率を下げるためには雇用を確保しなければいけないのですが、金融立国を謳っても、金融界はたくさんの人はいりません。優秀な頭脳をもった（優秀さの意味が少し違うのかもしれませんけれども)、少数の人がいれば金融はやっていけます。コンピュータを操作するだけの話ですから。オバマさんは、そんなものでは国民が職を手にできない、生活できないと考えているのです。

アメリカの現状は、皆さんもよくご存じのように、ミドルクラス、つまり中間層が大幅に減少した世界です。リーマン・ショックのあと、中間層の人たちは家を失い、職を失い、車を失い、何もできなくなった購買力のない人たち、私はときどき「吸い尽くされたスルメ」と言っていますが、そういう人たちが社会の真ん中から下層階級に落ちてしまいました。この人たちは選挙権を持っているわけです。オバマさんはそこが一番心配なのだと思います。

オバマさんの政策はことごとく失敗したと言われています。しかし、今年(2012年)1月の一般教書演説で「持続可能な経済の青写真は製造業から始まる」として、労働市場の回復や輸出の倍増を謳いあげています。アメリカ労働省の発表したところでは、最近の失業率はオバマさんが大統領に就任した当時と同じ8・3%にまで下がったようです。オバマさんの再選に向けて良い材料になるかもしれません。

金融立国では雇用は増えない

まだまだ失業者が8％を超えているのです。多くの失業者に職を与えなければいけないとなると、「金融立国」というような格好いいことは言っていられない、ものづくりを復活して輸出を伸ばそう、オバマさんがＴＰＰに盛んにこだわるのもそこだと思います。

では、アメリカがものづくりを復活したとします。誰が買うのですか。今、アメリカは中間層が減少したと言いました。中間層が少ないということは、アメリカで車をつくっても国内ではあまり売れない。今、アメリカの自動車産業は、きのうあたりの新聞にも出ていましたが、フォードなど代表的な3社は全部黒字決算でした。理由は簡単です。小型の安い車をつくるようになったのと輸出が伸びているのです。国内で多くを消費しているわけではありません。アメリカでものをつくっても売れないとなると、買ってもらわなければいけない。皆さんは、すぐにＴＰＰの話に結びつくのではないかと思いますが、ＴＰＰがいいかどうかの話をしているのではありません。アメリカが何を狙っているかを知ってもらいたいのです。

もしアメリカの大統領選挙でオバマさんが勝てば、今のような状況で「ものづくり立国」に戻ります。そうなると、ＩＦＲＳはものづくりの会計ではありませんから、どうなるのでしょう。

ＩＦＲＳは企業を売ったり買ったりするための会計なので、金融界はいいかもしれません。あの会社を買ってバラバラに切り売りしたらいくら残るかという計算をするための会計、それは金融界の人たちにとってはいいでしょうが、ものをつくっている企業にとってみたら、そんな企業売買のために経営をやっているわけではありませんから、ＩＦＲＳでは経営ができません。

国際会計基準に従って計算した利益、包括利益と言いますが、これはものづくりの利益、つまり実現した利益ではありません。ＩＦＲＳではキャッシュ・フローの裏付けがなくても分配が可能でなくても、観念的に利益が生まれた、儲けたと言えるものを利益として報告しようとしています。

禁止される「当期純利益」

今はまだ、損益計算書に当期純利益を出していますが、もうすぐこれを表示するのは禁止になるようです。営業利益も表示することが禁止されます。なぜか。当期純利益も営業利益も、実現した利益だからです。２５００ページの国際会計基準の中に「実現」という言葉は一度も出てきません。ＩＡＳＢは、十何年も前から計画的に「実現」という概念を外して、「原価」という概念を外して、「時価」、「評価益」、「含み益」、それらを一緒にした「包括利益」でいこうとしていますから、「実現」という考えはありません。「実現した利益」、「キャッシュ・フローの裏付けのある利益」、「分配しても資本が毀損しない利益」、我々はこれを「当期純利益」と呼んで非常に重視してきた利益概念ですが、一部の人たちにはこうした「実現した利益」は困るわけです。金融界の人たちは実現とか未実現ではなく、今日いくらの時価をつけたらいくらの利益が出せるかという、ただそれだけの話ですから、「実現しているか、していないか」を問題にされると困るわけです。

「実現」に対して「発生」とか「発生主義」と言いますが、観念的に「利益が生まれた」「利益が発生しているはずだ」と考えるものを利益として報告したいのです。

アメリカは自国基準を捨てるか

アメリカの会計基準を「USーGAAP（ユーエス・ギャップ）」と言いますが、USーGAAPは2万5000ページもあります。今までアメリカはどう言っていたかというと、国際会計基準とのコンバージェンスを進めて、コンバージェンスが終わったら、ここからが不思議な話ですが、2万5000ページのアメリカの会計基準を捨てて、2500ページのIFRSに移ると言っていました。

日本もそうすると言っていました。日本も、日本の会計基準を手直ししてコンバージェンスを進めて、全部終わったら、私達が持っている、ほぼ５０００ページぐらいある会計基準を全部捨てて、あの英語のＩＦＲＳに移行するという話でした。誰が考えてもこんなばかな話はないと思います。コンバージェンスによって会計基準の内容が同じになったのであれば、それでいいではありませんか。

アメリカは最近やっと気がつきました。アメリカの2万５０００ページの基準はどの1ページをとっても不要なものはないはずです、必要だからルールをつくったはずです。それを国際会計基準と考え方がだいたい一致したから捨てようと言ってもアメリカの企業は決算ができないと思います。そうするとどうなるか。「国際会計基準には書いてないことがたくさんあるけれども、これ、昔はどうしていた？　昔の会計基準を持ってこいよ」、となりませんか。また2万５０００ページをひっくり返して、「昔はこうやっていたんだからこうやろうじゃないか」ということになるのではないでしょうか。ＩＦＲＳに書いていないことやＩＦＲＳの解釈は、昔のルールのとおりにやれば、投資家も文句を言いません。株主も文句を言いません。ＳＥＣも文句を言わないし、公認会計士も文句を言わないでしょう。昔の正しい会計に戻っただけの話ですから誰も文句を言わない。だったら2万５０００ページを捨てる必要はないではないかということにだんだんアメリカが……、私は気がつくのがずいぶん遅いと思いますが、そういうことに気がつくのにずいぶんかかりました。

ラベルを張り替える

このことに気がついてアメリカが言い出したことは、ここまでコンバージェンスしたのであれば、連結だけですが、「アメリカの会計基準（US－GAAP）でつくった連結財務諸表を国際基準でつくったものだと言いたい」、そういうことを最近言っています。つまり、これだけコンバージェンスしたのだったらアメリカの基準をこれ以上直す必要はないし捨てることもない、だいたい同じになったのであれば、アメリカのUS－GAAPで連結財務諸表をつくって、その連結財務諸表の表紙に「IFRSで作成した連結財務諸表」と書きたいと言うのです。何のことはありません。「アメリカ基準」と書いてあるラベルを剥がして「IFRS」というラベルを張ろうと言うのです。当然の希望だと思います。アメリカがそういう戦略をとれば、日本も同じ戦略をとれるわけです。きっと中国もインドも、世界の多くの国が同じ戦略をとるようになるのではないでしょうか。

ヨーロッパはもう「IFRSを使っていない」？

次はヨーロッパの話です。今のヨーロッパのどうしようもない経済的な惨状から考えて、国際会計基準を議論している時間は全くないのではないかと思います。それ以上にもっと恐ろしいのは、ギリシャでもどこでもいいですが、どこかの国が破綻して、ユーロをやめようということになったらどうなるのか。

EU27カ国のうち共通通貨のユーロを使っているのはドイツ、フランスなど17カ国で、イギリスやデンマークなど10カ国は非ユーロ圏です。ギリシャのソブリン債が債務不履行の危機を迎えたり、スペイン、ポルトガル両国も大幅な財政赤字で苦しんでいます。

イギリスやアイルランドでは「反EU」の気運が強まっています。もし、EUが解散・崩壊ということになったら、国際会計基準はもともとEUの会計基準ですから、一番使っているところがなくなるわけですから、たぶん、国際会計基準は世の中から消えてなくなるのではないかと思います。

ヨーロッパは今、足もとから火が出ています。国際会計基準の議論などしている暇はないでしょう。なおかつ、アメリカの金融界がヨーロッパの銀行を潰そうとして躍起になっています。

国際会計基準の中に時価会計の基準（IFRS第9号）があるのはご存じと思いますが、今のヨーロッパの状態で、国債を時価評価して評価損を計上したら、ヨーロッパ中の銀行が債務超過でバタバタ潰れるだろうと思います。ですから、ヨーロッパは国際会計基準の時価会計は使わないということを強力に言っています。

でも、国際会計基準審議会（IASB）は、IFRSのどこか一部でも外したものは「国際会計基準」と呼ばないということにしています。IFRSの一部を外すことをカーブアウトと言いますが、事実上、ヨーロッパはもう国際会計基準を使っていないようなものです。一番重要な時価会計の基準はIFRS第9号ですが、EUはこの基準は「使わない」とはっきり宣言して拒否していますから、「ヨーロッパは国際会計基準はもう使っていない」と言う人たちもいます。

IASBは時価論者の集まり

それから、ヨーロッパの会計基準と言いながら「国際」という名前がついていますが、この国際会計基準を引っ張ってきた人たち、皆さんの中にもご記憶にある方がいらっしゃるでしょうけれども、例えばロンドンでは、ごく最近までは、イギリス人のトゥイーディーさんが国際会計基準を引っ張っていました。一方、アメリカはFASB（アメリカ財務会計基準審議会）議長のハーズさんが引っ張ってきました。二人とも時価会計主義者で、私は「車の両輪」という言い方をしますけれども、この二人が最近まで国際会計基準を引っ張ってきました。

ハーズさんはイギリスからＦＡＳＢに送り込まれた方ですが、この人のお師匠さんがカーズバーグさんです。名前にご記憶があるかもしれませんが、日本にも何回も来ました。カーズバーグさんは国際会計基準の中に時価会計を無理やり押し込んだ人です。ものづくりの国が集まっているヨーロッパでは時価会計の基準に賛成するところはありませんが、それをカーズバーグさんが「作文でいい。アメリカの基準をコピーするだけでいい。その代わり使わないことにしよう」と言ってアメリカの会計基準をコピーしたのが、ＩＡＳ第39号の時価会計基準でした。

世界の動きを知らない日本

日本はそんなことを知らずに、アメリカにも時価会計の基準がある、ヨーロッパでも時価会計の基準をつくるようだ、それ急げ、となってつくったのが私達の金融商品の会計基準です。世界中どこも使っていない会計基準を強引に、世界中が使っている会計基準だと新聞があおりたてたことを真に受けて、いつものように「世界の流れに遅れるな」とばかり早とちりの勇み足で時価基準を導入してしまったのです。

私も所属している会計学会も実に不勉強で、経済新聞の受け売り集団になっていました。取材に来た記者や時価会計に賛同する学者に、「どこの国が使っているのか教えてください」と何度も聞きましたが、「世界中が使っている」というだけで、実はどこも使っていなかったのです。

今は、国際会計基準の中に時価の基準が入っているので、日本も使ったり、あちこちの国で使っていますけれども、最初は使っている国はどこにもなかったので、日本だけ時価会計で大不況を起こしたという事情がありました。

ヨーロッパのトゥイーディーさん、カーズバーグさん、ハーズさんについて、私がなぜそんな詳しいことを知っているのかというと、私は、実を言うと、30何年か前にカーズバーグさんを頼ってロンドン大学に留学したことがあります。1年間カーズバーグ先生の講義を聴きましたが、当然、時価会計の話です。私は原価主義者ですから意見は合いません。時価が正しいと信じている人ですから、いろいろ話をしても全然合いませんでした。

時価主義者達のリタイア

先ほど言いましたように、カーズバーグさんのお弟子さんのハーズさんも、1年ちょっと前に、FASBの委員長のポストがあと2年残っていましたが、突然、理由も明かさず辞めてしまいました。たぶんこうだろうと思われているのは、アメリカがＩＦＲＳを使わないのだったら自分はＦＡＳＢでどれだけ努力しても意味がない、やっていてもしょうがない、というところがあったのではないかと思いますが、辞めてしまいました。

カーズバーグさんは、ＩＡＳの時代しか表に出ていません。私のお師匠さんですから、すごい年配なので、たぶん、もうリタイアしていると思います。最後に残ったトゥイーディーさんは、去年（２０１１年）の6月30日、ちょうどアメリカがＩＦＲＳを採用するかどうかを決めると言っていた日に10年の任期を終えてＩＡＳＢの議長をリタイアしました。もう国際的にはなんの影響力も持っていないと言われています。

つまり、ヨーロッパの会計基準をつくった人たち、その中に時価会計を押し込んだ人たちはだいたいヨーロッパの人ですが、その人たちは全部今はリタイアしています。国際会計基準を引っ張ってきた人たちはもういません。ですから今はＩＡＳＢもほとんどエネルギーを失っているのではないかと思います。加えてヨーロッパがあの状況です。会計基準どころではないのではないかと思います。

「中間報告」の悪夢――日本

次は日本の話です。先ほど申し上げましたが、このフォーラムの1回目を昨年6月21日に東京で開かせていただいて、その同じ21日に金融担当の自見庄三郎国務大臣が「２０１５年からの強制適用はない」と宣言され、そのために、急遽、企業会計審議会を開いたのがやはり6月30日です。その2年前（２００９年）の同じ6月30日に、皆さんの悪夢の元になった例の企業会計審議会の中間報告書「我が国における国際会計基準の取扱いに関する意見書（中間報告）」が出ています。６月30日はそういう因縁の日ではないかと思います。

自見さんはご存じのように国民新党の方です。もともと国民新党の方が、なぜ民主党と手を組んでいるかというと、郵政民営化の行き過ぎを元に戻そうとしているわけです。郵政改革担当の大臣が、今、郵政改革よりも非常に熱心なのは国際会計基準問題です。自見さんは、産業界や学界、労働界などとのつながりが強い方なので、多くの方と意見を交わしているうちに、日本ではとんでもないことが進行していることに気がついたのだと思います。

日本の状況と言えば、中間報告に盛り込まれていた「連結先行」と「強制適用」がいかにも既定の路線であるかのような空気が支配していました。そんな状況の中で、日本の経済界を代表する大企業の役職者が連名で、「宛名のない要望書」をまとめました。普通だったら、例えば自見大臣宛てとか、金融庁長官宛てとか、あるいは経団連会長宛てとか、宛先があると思いますが、この文書は宛先が書いてありません。宛先のない、しかも、皆さんがご所属の会社も入っているのではないかと思いますが、日本を代表する企業がずらずらと名前を挙げた要望書を出して、それを各界に配りました。

それを配った時期がちょうど去年の5月で、これがたぶん自見さんを一番プッシュした話ではないかと思います。つまり、日本の産業界は一枚岩ではなかったではないか、しかも、日本を代表する企業群が国際会計基準の問題点をこれだけ指摘しているではないかということで、たぶん、5月25日の財界の文書が自見さんの背中を押したと思います。

自見大臣は、「強制適用」や「連結先行」が、本当に国際情勢を見極めた上でのものなのか、本当に真の国益にかなうものなのか、産業界などからの声を聞いていると、どうも会計基準の国際的調和そのものが自己目的化していて、このまま突き進んだら日本の経済活動が停滞してしまいそうだと考えたようです。そこで6月30日の企業会計審議会で「中間報告までに議論された内容を一回全部白紙に戻して、もう一度きちんと成熟した議論を始めよう」と言い出したのです。

「成熟した議論」

「成熟した議論」の話をしますと、それまでの日本はどうだったか。皆さんもよくご存じの話です。金融庁の役人の方々がいろいろ意見聴取をして、世の中はだいたいこうだという情報をつかんだはずです。国際会計基準の動向を伝えた人たちは、コンピュータ関係の会社、あるいは情報処理の会社、それから監査法人などがいろいろと情報を持ち込んで、世界は国際会計基準である、日本の産業界も一枚岩であると訴えてＩＦＲＳの採用に向けて動きました。ここで誤解をしたのが経団連ではなかったでしょうか。経団連の上の人たちがその話を金融庁に伝えていますから、金融庁も誤解をして、日本の産業界はＩＦＲＳに大賛成である、そうとわかったら早く日本の方向を国際社会に発信しようというので２００９年６月に中間報告書（「我が国における国際会計基準の取扱いについて（中間報告）」）を取りまとめましたが、皆さん、もし、その辺の詳しいことを知りたかったら、金融庁のホームページで企業会計審議会の議事録をご覧になってください。企業会計審議会で出てきた「連結先行」「強制適用」に猛反対する委員がたくさんいたにもかかわらず、中間報告書にはその辺のことは強く書かれていません。

ちょっと余談ですが、ＩＦＲＳの採用を非常に熱心に日本企業に勧めている会社は、おかしなことにどこもＩＦＲＳを採用していないんですよ。ただの金もうけのチャンスと見て、皆さんの会社に押し付けようとしたのかもしれません。そういえば「紺屋の白袴」という言葉がありましたね。

中間報告は結論か

「中間報告」という言葉がどういう意味なのかは報告書には書いてありませんが、企業会計原則も「中間報告」でした。中間報告と言いながら、実務に適用される会計原則として使われてきましたから、国際会計基準の適用に関する中間報告も結論を書いたものと解釈した方も多いと思います。

結局、日本は中間報告にある「連結先行」で、上場会社へ「強制適用」ということが既定のことであるかのように進行してきたのではないでしょうか。中間報告を読みますと、文字どおり決まったわけではありません。「ということが考えられる」と書いてあるだけです。でも、官僚用語の「……と考えられる」は「……とする」という意味です。私も大蔵省や郵政省でずうっと委員や委員長をしてきて、官僚の皆さんから「法律ではないのだから『○○とする』と断定してはいけない」「ああともこうとも解釈できるような幅のある文章にしなければいけない」と言われたこともあります。「それでは意味が通じないんだけど」という議論を何回もしましたが、官僚用語では「……ということが考えられる」は、「……とする」とか「……と考える」ということらしいです。

金融庁は、財界も一枚岩だし、会計士協会や証券取引所などから自分のところに入ってくる声は全部一枚岩だから、これは大丈夫だと思って中間報告書を取りまとめたのではないかと思えるのですが、世界はそれから大きく変わりました。今申し上げましたように、アメリカがまず変わりました。ヨーロッパも変わりました。

departureは「出発」か

日本の経済界もいろいろ学習をしました。「学習をした」と言うと大変失礼な話ですが、書店に行きますと、2000ページぐらいの国際会計基準の解説書がたくさん並んでいます。たぶん皆さんの会社にもたくさんあると思いますが、中身をご覧になって、あの中にIFRSに批判的なことや個々の基準のバックグラウンドが書いてあるものはありましたか。私の研究室にも、分厚いIFRS関係の本が何十冊もありますが、どの本も英語のIFRSを何とか日本語にした本ばかりです。何冊読んでもIFRSが抱える問題点とかIFRSのバックグラウンドなどは書いてありません。いただけないことに、英語版のIFRSを日本語にするときに、誤訳と言っては失礼ですが、とても日本語とは思えないような、単語の数だけ合わせてあるような本がいっぱいあるのです。これで皆さんは「会計実務」をやるのですよ。IFRSの用語解説を読んでいたら、departure という用語に、なんと「出発」という訳語がつけられていました。IFRSでdeparture と言えば「(会計基準からの)離脱」のことです。こなれた日本語になっていない会計のルールを使って財務諸表をつくるのですから、会場においでの皆さんにとっては、とてつもなく不安なことだと思います。何を言っているのかよくわからないルールブックというのは、よこしまな考えを持った経営者(失礼!)には便利かもしれませんが、まっとうな考えで財務諸表を作成しようとしている多くの経営者や経理担当の皆さんにとっては悪夢ではないでしょうか。

「よくわからないところは、監査法人がサポートします」と言っていますが、いま世に出回っているIFRSの解説本は、ほとんど監査法人が書いたものです。

日本の「二人三脚」体制

日本では、企業会計審議会が国際会計基準を使うかどうかを審議します。国際会計基準を使うか使わないか、強制適用するかしないか、どこに適用するか、いつからするか、こういう制度の話は金融庁の中にある企業会計審議会がすることになっています。

では、国際会計基準（ＩＦＲＳ）の中身を審議するのは誰かというと、企業会計基準委員会（ＡＳＢＪ）という民間団体です。民間団体といっても、私達がここにみんなで集まって団体をつくればそれも民間団体になりますが、では、私達が会計基準をつくって「これを基準とするぞ」と言っても誰もついてきません。ですから、日本でも企業会計基準委員会がつくるものは全部、金融庁（かつては大蔵省でしたが）の掌の上でしかつくれません。当たり前と言えば当たり前です。金融庁の考えと違う基準をつくっても金融庁がＯＫを出さないでしょう。金融庁は企業会計基準委員会がつくった基準案を見て、それでよければ上場会社に「会計基準とする」というお墨付きを与えるのです。何も金融庁がいいとか悪いという話ではなく、世界中どこの国でも一緒です。

アメリカのＦＡＳＢも自分勝手に基準はつくれません。必ずＳＥＣにお伺いを立てて、ＳＥＣの了解をとってからでないと基準は発表できません。世界中どこでもそうです。イギリスであれば貿易産業省、日本の経済産業省のようなところですが、貿易産業省の意向に沿わない会計基準をつくることはできません。基準の設定権限を持っているのは政府機関ですから、どこの国も会計基準を設定するのは民間団体と言いながら、公の仕事を民間が引き受けているだけです。

企業会計基準委員会は会計基準を決める機関ですから、ＩＦＲＳの中身も審議しなければいけませんが、私の知る限り、中間報告が出たあと、「包括利益」以外に、ＩＦＲＳの中身を審議した形跡はありません（最近は別ですが）。では、ＡＳＢＪは何をしてきたのか。ＡＳＢＪが延々と審議してきたのは、連結は国際会計基準を使うしかない、でも、そのまま個別財務諸表に適用するのは結構大変だから、ということで、ここで「連結先行論」が出てきますけれども、連結財務諸表に先に国際会計基準を適用させておいて、個別財務諸表についてはそれを少しずつ追いかけていって、最後には連結財務諸表にも個別財務諸表にも国際会計基準を適用するためにはどうしたらいいか、という話をＡＳＢＪは延々としてきました。

その段階で、まともに審議らしい審議をしたのは包括利益だけではないでしょうか。包括利益については、日本の個別財務諸表には向かないと言うので、個別財務諸表には包括利益を表示しないという暫定的な取り決めをしました。これは一応議論をしていますが、あとのＩＦＲＳについては、私の知る限りですが、最近になって委員会や検討会を始めたばかりで、それも批判的に検討するというよりは日本企業へのスムーズな適用をどうするかといった話が多いようです。

IFRSの七不思議――負債の時価評価

私達が国際会計基準を使ったとして、これはおかしいではないかと思われるものが非常にたくさんあります。今日、全社員が退職したらいくら払わなければいけないかというような非現実的な退職給付の話、会社が潰れそうになればなるほど利益が出てくる負債の時価会計、日本では今はやっていませんけれども、国際会計基準を採用することになったら、負債を時価評価しなければいけません。会社が潰れたら借金は棒引きになってしまいますから、99％潰れそうになってどうしようもなくなったら債務の99％は返済しなくて済むので、儲けにすることができると言うのです。

ウソみたいな話ですが、リーマン・ブラザーズは、破綻直前に自社の債務の時価評価益を33億ドル（当時のレートで3300億円）計上しています。シティ・グループも27億ドル、バンク・オブ・アメリカも22億ドル、JPモルガン・スタンレー4億ドル、3社だけでも5300億円も負債の時価評価益を出しているのですよ。

日本企業でも、アメリカのSEC基準で連結財務諸表を作成している野村ホールディングスが2009年3月期に、負債の時価評価益を600億円も計上して、何とか赤字決算を免れたという話もあります。

ＩＦＲＳの七不思議――資産除去債務

そういう、わけのわからない会計はまだたくさんあります。最近で言うと「資産除去債務」です。土地を定期借地権か何かで借りて、その上に工場を建てて事業をやるとしましょう。工場の建設費が１００億円だとして、20年後に定期借地権が切れるときに、この土地を更地にして返す契約だとします。20年後に、建物の除去費用とか土壌をきれいにする費用がかかります。これが20億円だとしましょう。こうした将来に発生する費用で当期に原因があるものは、伝統的な会計では、引当金を設定して、20年間にわたって、毎期少しずつ、例えば1億円ずつ準備するというものでした。

ところが、ＩＦＲＳでは、こうした将来に発生する資産除去費用は、現在の債務と考えるのです。現在の債務なら、当期のバランスシートに債務として記載しなければなりません。バランスシートの負債の側（右側）に20億円を計上すれば、複式簿記の原理によって、左側にも20億円を計上しなければなりません。しかし、工場への投資は１００億円ですから、１００億円としか書けません。それを、なんと、ＩＦＲＳでは、この債務の額20億円を買った資産の額１００億円に上乗せして120億円としてバランスシートに載せるのです。これが資産除去債務の会計です。こんなものは会計ではありません。

IFRSの想定する「投資家」

国際会計基準は何を狙っているのでしょうか。先ほども少しお話ししましたが、国際会計基準（IFRS）を支持している投資家の人たちは、この会社を買い取るにはいくら必要なのかを考えています。それはバランス・シートでなければ読めないので、バランス・シートに時価を書けというわけです。その会社を買ってみたら資産除去債務がこんなにたくさんあったのか、その会社を買収してみたら従業員に約束している退職給付にこんなに隠れ債務があったのか――それでは困るので、全部時価で出させようとしているのが国際会計基準の資産除去債務であり、退職給付会計です。

国際会計基準が想定している投資家は、会社を時価で買い取ったら、その会社の資産をバラバラにして切り売りして、会社の債務を払って、最後にいくら残るかを知りたいわけです。あとは株価ボードを見て、今日の株価に発行株式数を掛けると時価総額が出てきます。時価総額そのままでは買収できませんけれども、時価総額にだいたい3割から5割上乗せすると買収できるといいますから、そうすると、会社が買収して切り売りしたときに残る現金と時価総額プラス30％を比べてみるだけの話です。時価総額で買い取って手元にあといくら残るかがわかれば、この会社は買える、いや今は買っても無駄だということがわかります。それが今の国際会計基準の狙っているところです。

経済産業省の企業財務委員会

企業会計審議会でもＩＦＲＳの中身を議論していない、企業会計基準委員会でもきちんとした議論をしていないということで、産業界としても非常にいらいらしたと思います。その中で、経済産業省の中につくられた企業財務委員会、三菱電機の佐藤行弘さん（常任顧問）を委員長にした委員会が意見書をまとめました。２０１０年4月に公表されています。タイトルはちょっと長いのですが、「名は体を表す」の言葉どおりのタイトルなのでご紹介しますと、「会計基準の国際的調和を踏まえた我が国経済および企業の持続的な成長に向けた会計・開示制度のあり方について」です。これも中間報告書という位置づけです。

この報告書は、圧巻です。要するに、日本はものづくりの国だから、ものづくりに適した会計をやろうではないかという提言をしました。まだお読みでない方は、ぜひ、お読みいただきたいと思います。

この報告書でも指摘されていますし、前回のフォーラムでもお話ししましたが、世界で「財務諸表」と言ったら「連結財務諸表」のことです。ところが、日本で「財務諸表」と言うと単体の財務諸表、「個別財務諸表」です。世界で個別財務諸表をアニュアル・レポートの中で公表している国はまずありません。大きな国で個別財務諸表を一般に公表しているのはフランスと日本だけです。フランスは国家会計の国ですから、経済統制のために個別企業の情報を国が集めています。事情は全く別です。日本のように、連結財務諸表も個別財務諸表も両方とも投資家に「はいどうぞ」と出している国はまずありません。個別の数値を見たいなら、その企業のホームページを検索するとか、金融庁のような監督官庁とか業界の決まりで、ネットなどを探せば見ることができるというのが普通です。

切れば血が出る「個別財務諸表」

皆さんはアメリカ企業の個別財務諸表を見たことがありますか。私は、ドイツ企業の個別財務諸表も、アメリカ企業の個別財務諸表も見たことがありません。私はイギリスの会計を20年やってきましたが、イギリスはアニュアル・レポートの中に親会社のバランス・シートは出します。

でも、あとは連結財務諸表だけです。親会社の単体の損益計算書がアニュアル・レポートに掲載されているのは見たことがありません。

個別財務諸表と連結財務諸表はどう違うのか。同じように「財務諸表」という名前がついているから役割は一緒だろうと考えられがちですが、とんでもないです。連結財務諸表は個別財務諸表とは全く役割が違います。連結は、決算書ではありません。

個別財務諸表は、株主総会で株主の皆さんに出す「決算書」です。要するに、株主総会で審議をして、配当に回す額がいくら、課税される額がいくら、出ていくお金の決算書です。私はしばしば「切れば血が出るのが個別財務諸表」という言い方をします。連結財務諸表は、○○グループという会社はありませんから、そこに課税するわけにもいかないし、そこから配当をもらうわけにもいかないし、会社がないのだから、株も発行されていないし株主もいないわけです。

では、なぜ、世界で連結財務諸表しか一般に公表しないのか。個別財務諸表は株主向けの決算書で、配当の源泉や納税額の基礎を計算するもので、投資家向けの財務諸表が連結財務諸表だからです。各社のＨＰなどでは個別財務諸表を見ることができるようになっていることも多いのですが、投資家に公表するアニュアル・レポートには連結財務諸表が記載され、個別財務諸表は記載されないのが普通です。

アニュアル・レポートでは、一般の投資家向けに、うちの企業グループはこれだけの収益力があるから、うちのグループに投資しませんかと誘っているわけです。うちのグループと言っても、グループの株は売っていません。では、どうするかというと、うちのグループの親会社はここで、このグループにはこれだけの収益力がある、だから、うちの親会社の株を買いませんかと誘っているのです。

日本では会社法にも――「連結計算書類」と言っていますが――投資家向けの情報であると書いてあります。日本には連結財務諸表規則とか財務諸表等規則のような決まりがあります。皆さん、あそこをぜひ読んでみてください。連結財務諸表は株主向けではありません。投資家向けの情報であるとはっきり書いてあります。要するに、投資を勧誘するための情報であって、決算書ではありません。二つの財務諸表は役割が全く違うということを私もずいぶん長い間言ってきましたが、日本では延々と個別財務諸表も連結財務諸表も同じ決算書と考えてきました。

ところが、ＩＦＲＳが適用を想定しているのは、こうした連結だけなんです。ＩＦＲＳは個別の財務諸表、いわゆる単体に適用することは想定されていないのです。ですから世界の先進国でＩＦＲＳを個別財務諸表に強制適用している国はありません。逆に、先ほども話しましたが、ドイツやフランスなどでは、個別にＩＦＲＳを適用することを禁止しているくらいです。

日本の企業集団は「資本の論理から説明できない」

日本は企業集団のつくり方が英米などと少し違います。日本は企業グループの中に、親会社以外にも上場している会社が何社もあります。例えば、日本を代表する企業集団としての日立製作所グループでは、親会社の日立製作所はもちろんですが、この会社の子会社である日立金属、日立電線、日立化成などの子会社が上場しています。

国際的な資本の論理からは日本の企業集団は説明がつかないと言われています。海外の投資家から「親会社が上場していて、なぜ子会社まで上場させるのかわからない」とよく言われます。資本の論理から言うと、子会社が必要な資本を親会社が出すのは当たり前です。世界中のほとんどの国はそうしています。ですから、企業集団に投資するとなったら親会社の株を買うのが当たり前です。そこでは親会社の単独の財務諸表ではなく連結財務諸表を見るのです。連結財務諸表は、そうした投資家のための投資勧誘情報なのですね。いわゆる決算書じゃないのです。

日本は少し異質なところがあって、親子会社でも、子会社が上場する例が多いのです。そういうケースでは、企業集団の財務諸表（連結財務諸表）を見て親会社に投資しても親会社の支配が企業集団全体に及ぶわけではありません。とりわけ上場している子会社の財務諸表を見て投資するというのは、英米などの資本の論理からはおかしな話になるのです。そんなことも伏線にあるのかもしれませんが、日本では実に不思議な主張がまかり通ってきました。その話をします。

「連結先行論」の誤解

日本では、連結も単体も同じ財務諸表だという理解から、いえ、「誤解から」といった方が正しいのですが、ご存じのような中間報告の「連結先行」論が出てきました。ＩＦＲＳを日本企業に強制適用するにあたっては、連結にも単体にも同時に適用するのが望ましいが、両方に一度に強制適用するのは準備が大変なので、ＩＦＲＳを連結に適用する準備を先に進めて、あとから単体への適用を準備するという話になりました。

中間報告では、ＥＵ諸国ではＩＦＲＳが強制適用されるのは連結だけであることやアメリカでは連結しか公表されていないことを指摘した上で、それでも「連結先行」論を展開するのです。読んだ人の中には、私もそうでしたが、かなり無理やりな結論ではないかと感じたのではないでしょうか。諸外国が、ＩＦＲＳは投資勧誘情報としての連結にしか適用しないと言っているのです。そのＩＦＲＳを日本は切れば血が出る個別財務諸表にも適用するというのです。おかしくないですか。

なぜそんな結論が出てきたか、多くの会計士の先生方に聞いてみると、「おまえは実務を知らない」と言って叱られますが、私は学者ですから実務を知らないのは当たり前ですが、どう考えてもおかしい。何がおかしいかというと、会計士の先生方は、「連結財務諸表というのは、単体の財務諸表を集計して作成するのだから、個別財務諸表を国際会計基準でつくらない限り、国際会計基準に従った連結財務諸表はつくれない」ということを盛んに言われます。企業会計審議会の席でも、代々の公認会計士協会の会長さんが、同じことを繰り返して説明してきました。「連結財務諸表と言うのは、個別財務諸表を集計してつくるものだから、個別をＩＦＲＳでつくらなければ、ＩＦＲＳで連結をつくることはできない」と言うのです。皆さんもそのように聞かなかったですか。

だったら「連結先行」というのはありえない話ですよね。「個別先行」というのであれば、会計士協会の話と合うのですが、会計士協会の言うのが正しいとすれば、個別を従来の基準で作成しておいて、連結をＩＦＲＳでつくるというのは、不可能です。でも、そのことを指摘した会計士協会の会長はいませんでした。

日本はこれまで「連単分離」

「連結と単体を同じ基準で」というスタイルでやっている国もあるかもしれませんけれども、日本で、例えばソニーとかパナソニックとかトヨタなどはどうしていますか。こうしたアメリカの資本市場に上場している会社は、連結はアメリカの会計基準、つまりSEC基準でつくって、個別は日本基準でつくっています。私達は、こうした日本を代表する企業の財務諸表を「連単分離」で見せられてきてもう30年にもなりますが、誰か、そのことをおかしいと言いましたか。投資家の方々から「これではわからないから一つにしろ」という声も私は聞いたことがありません。トヨタやソニーの方にお聞きしても、投資家からおかしいと言われたことはないと聞いています。

投資家は連結財務諸表を見て投資決定をしていますから、何かない限り個別は見なくて済みます。ソニーにしろトヨタにしろ、アメリカの基準で連結をつくっていますが、配当をもらう株主の方は、連結を見ても日本の企業の配当はわかりませんから、配当とか納税となると日本の基準で個別財務諸表をきちんとつくってきました。

つまり、日本はずうっと「連単分離」でやってきたのです。それが国際会計基準になった途端に連結も個別も全部IFRSを使わなければいけないという議論が支配的になって、私にはよくわかりませんので、「世界中でそのようなことをしている国はない」と盛んに言いましたが、結局、そのまま押し切られた形で「連結先行論」が定着してしまいました。大きな声では言えませんが、世界の動向や財務諸表の役割をちゃんと理解していない人たちの声が大きかったのではないかと思います。

私は実務家ではなく学者ですから、世の中が「行き先を間違えたバスに乗ろうとしている」ときに、そっちじゃないよというホイッスルを鳴らすことが使命だと考えています。でも、この仕事は嫌われるんですよ。「みんなと一緒に赤信号を渡る」方がどれだけ楽かわかりません。日本の会計学者のほとんどは、「沈黙は金」とばかり、この会計界が100年か200年に一度の危機を迎えているときにだんまりを決め込んでいます。きつい言葉ですが、賛成でも反対でも、自分の意見を語って欲しいですね。

消えた「連結先行論」

その後の話をします。自見さんが「2015年からの強制適用はない」と言ったあとも審議会が何回も何回も開かれていますけれども、議事録を読む限り、そこで連結先行論という話はまず出てきません。世界は連単分離だということは審議会の委員の方もだいたいわかってきたのだと思います。

先ほど、途中まで話しました佐藤委員会の報告書ですけれども、実は私は、今読んでもこの報告書はすばらしいと思います。どんなことが書いてあったかと申しますと、企業は収益を上げるために一生懸命努力をして、いかに少ないコストで利益を大きくするかが経営です。つまり、収益費用アプローチは経営者の感覚とぴったり合った計算方式です。会計の方式と言いながら、片一方で収益・売上高をできるだけ大きくし、もう一方でコストはできるだけ小さくして、企業の当期純利益をできるだけ大きくしようとする、これは経営をしている人たちの当たり前の感覚です。収益費用アプローチは、まさしくこうした経営成果を数値化しようとするものです。

では、今、国際会計基準とかアメリカの会計基準が考えているのはどういう会計か。朝、自分の財布の中に500円入っていた。使ったり人からもらったりして、夕方もう一回財布を開いてみたら600円になっていた。いくら儲けたか。100円儲けた。これは子供でもわかります。現金だけの世界なら簡単です。現金だけでないから困るわけです。

今、皆さんがいる六本木ヒルズの土地はいくらですか。専門家の不動産鑑定士に聞いても、不動産鑑定士の先生も困るのではありませんか。土地の時価は更地でないと評価できません。まず、六本木ヒルズの建物を全部取り除いて、その次に何をするかと言うと土壌汚染していないかどうかを掘って調べてみて……、更地にしたらいくらかは建物の撤去費用をまず計算しなければいけない。日本では高層ビルの時代は歴史がまだ短いので、高層ビルを壊した経験も極めて少ないために、解体するのにいくらかかるかがよくわからない。更地にしたあとの土地の値段もよくわからない。

日本では土地の値段が上がると国力がつくと言うので、土地の値段を上げるための政策が国策として進めてきた結果、ああいう土地バブルを生みましたけれども、土地の値段、つまり本当に売れる値段は誰もわかりません。持っている債券の値段も、市場がないに等しいのでわかりません。有価証券は、私達がふだん想定している株などの有価証券の時価は市場を見たらだいたいわかりますけれども、それでも日本企業が持っている大量の株をその時価で売れるわけではありません。日本の企業が持っている株を一斉に売りに出したら証券市場は簡単に崩壊します。また、時価がはっきり見えている物件は期末の評価益を大きく出せませんから、投資としてはうまみがありません。

デリバティブというマジック

そこで使うのは、相対（あいたい）のデリバティブです。相対でするデリバティブは、開発者以外には時価はわかりませんから利益をつくるには都合がいいのですね。例えば「今年

300億円儲けるデリバティブを組んでください」と言ってデリバティブを組んでもらうとします。その代わり、次の年になったら310億円損をするという話です。10億円は取引業者の手数料です。これはばれません。それは、例えば手品師の手品のようなものかもしれません。デリバティブの開発を請け負ったのが手品師のようなものだとしますと、もう一人別の手品師を連れてきたらネタに気がつくかもしれませんけれども、ほかの手品師のネタをばらすような手品師はいません。デリバティブは、他の誰にもネタがわからない手品のような金融派生商品なのです。いつかきっと、こうした商品の売買・取引が禁止か違法になるのではないかと思います。

デリバティブが手品のようなものだというのは、想像で勝手に言っているのではありません。皆さん、もし、その辺の詳しい話を知りたかったら、モルガン・スタンレーのディーラーをしていたパートノイという人が書いた『大破局（フィアスコ）』というエッセイがありますから読んでみてください。徳間書店から出ている本ですが、この本に日本のバブルがはじけたあと、日本の銀行がどれだけデリバティブに手を染めたかが書いてあります。今年儲けて次の年に損をするようなデリバティブをつくってもらって、しかし、次の年に損をしたら困りますから、また次の年に儲けるようなつなぎのデリバティブを組んでもらって、利益をひねり出しては損失を先送りしたことが詳細に書いてあります。

つまり、デリバティブでも土地でもそうですが、皆さんもよくご存じのように、時価がわからないものは、時価がわかるような公式をつくって、その算式に従って時価を算出します。では、時価を算出する算式のないものはどうするのか。そのときはIFRSもアメリカの基準も、「経営者が合理的と考える金額を時価とする」と言っています。これは「粉飾したかったらご自由に!」(笑)と言っているのと同じじゃないですか。経営者が「自分の持っているこの土地は300万円で買ったけれども、今のうちの会社にとっては、本社が建っている土地だから3億円だ」と言っても、経営者が合理的と考える根拠さえつければ、それがフェアバリューだと言っています。この「フェア」がどうも私には「アンフェア」に聞こえますが、アメリカなどではそういう会計をやってきたし、今後も続けたいのですね。時価会計のことを英語でマーク・トゥ・マーケット(mark to market)と言いますが、ウォール街ではこれをマーク・トゥ・マジック(mark to magic)と呼んでいるそうです(笑)。国際会計基準とかアメリカの基準はそういうマジックみたいなところがあるのです。

「実現」を嫌うIFRS

国際会計基準には「実現」という言葉が出てきません。実現主義はキャッシュ・フローに裏付けられた、分配しても資本を毀損しない確実な利益を計上するという考えですが、この実現概念が適用されていれば、マーク・トゥ・マジックなどという会計はできないはずです。

私達が考えている利益というのは、品質の良い製品やサービスをできるだけ低廉な価格で提供して稼ぐというものです。そのために費用をできるだけ小さくして、キャッシュ・フローの裏付けのある当期純利益をできるだけ大きくしようという発想です。こういった考えはＩＡＳＢやＩＦＲＳにはもともとありません。

会計の世界は見積りがたくさん入ってきます。この見積りを適当にして、経営者が合理的と考える金額を全部時価としていいというのでは計算される利益も資産の価額も不確実な数値になってしまいます。アメリカの会計も日本の会計もそうでしたが、会計は伝統的に保守主義という考え方をベースに持っています。利益の計上も資産の評価も保守的にというのは、我々が普通の生活でやっていることと同じだと思います。車を運転していて、カーブの先がどうなっているかわからないときは誰だって減速するじゃないですか。保守主義というのは生活訓なんですね。

「実現主義」と「保守主義」

先ほど紹介した企業財務委員会の報告書はこうした「実現」と「保守的経理」を大事にしようと提言しているのです。この報告書の内容は確かに企業会計審議会の席上で報告されました。でも、非常に残念なことに、そのあと、その報告書についての議論はされていません。

いくつか事情があると思いますが、金融庁には国益とか産業振興という発想はほとんどありません。片一方の、今私が申し上げた企業財務委員会は経済産業省を事務局としています。こちらは国益とか産業振興が仕事ですから、当然のことながら、産業界が元気になるような、あるいは経済界が活発になるようなことをいろいろ考えているところです。金融庁の担当は証券行政です。証券市場、いわゆる証券取引所が公正に運営されること、有価証券の円滑な流通、投資者保護、金融庁の仕事はそちらにあるものですから、とかく国益とか産業振興という発想が抜けてしまいます。昨年5月に産業界から出された「要望」は、企業財務委員会と趣旨がほぼ同じで、IFRSの想定する会計がものづくりの日本の経済界に合わないことを強く主張されています。その結果、最初の話ですが、自見さんが「審議会の議論を一回白紙に戻して」「成熟した議論を」と言われたわけです。

「連単分離」と「任意適用」へ

いただいた時間がそろそろ終わりますので、最後にまとめの話をしておきたいと思います。企業会計審議会のこれまでの審議を見ていますと、支配的な意見は「連単分離」です。「連結先行」という声は全く出てきていませんから、連結先行はほとんど消えてしまって、つまり、単体に適用されることはまずないと考えていいだろうと思います。

そうしますと、大きな検討項目としては、どこの会社の連結財務諸表に適用するかという議論といつから適用するかという議論が残っていますが、かつてのような上場企業全部に適用という線はまず消えてなくなったのではないかと思います。そういうことを言う委員は特定のわかりきっている方々です。その方々は「国際会計基準は国際的な流れだからここから外れることはできない。すべての上場会社の連結に国際基準を適用する」ということを盛んに言いますが、全体の議論の流れを見ていますと、次第に「任意適用」、つまりIFRSを採用したい会社だけがIFRSを採用するという案や、「早期適用の継続」、つまりすでに日本ではIFRSを前倒しで適用することが認められており、その意味では「IFRS採用国」の中に入っていますので、その早期適用（任意適用）を継続すればいいという案が力をましてきているようです。

ただ早期適用している会社が少ないので、国際的な「IFRS仲間」になっているとは言いにくいとして、ある程度の数の会社に強制適用するという案もあります。しかし、この強制適用の可能性もゼロとは言えませんが、仮に採用されても適用対象とされるのはごく一部の会社です。そのごく一部の線引きが非常に難しいですね。時価総額が大きい会社とか外国人持ち株比率が高い会社とか大手銀行だけとか、対象を絞るのが非常に難しいのではないかと思います。特に、今回の「要望」を出したのが日本を代表する製造業が中心でしたから、時価総額が大きい会社となるとこの要望を出した会社が対象になってしまうでしょう。そうなったら財界、経団連が受け入れられないと思います。可能性として一番高いのは、使いたいところはどうぞという任意適用です。

任意適用に向けて準備中

今と同じです。今は早期適用が認められていますから、IFRSを使いたい会社はIFRSで連結財務諸表を作成することができます。今のところ数社しか早期適用していませんが、あずさ監査法人が昨年8月に全上場会社3600社を対象にしたアンケートでは、回答した1067社のうち78社が「任意適用に向けて準備中」ということです。任意適用の会社がある程度出てくればなにも無理して強制適用に持っていく必要はないだろうと思います※。

※ 企業会計審議会は、1年間にわたる議論の論点を整理して、2012年7月2日付で「国際会計基準（IFRS）への対応のあり方についてのこれまでの議論（中間的論点整理）」を公表した。そこでは、「連単分離（IFRSは連結財務諸表にのみ適用する）」を前提に「任意適用（使いたい企業だけが適用する）」の積み上げを図ることを確認している。

では、IFRSを使ったときにどうなるか。使うと、日本でもそれを連結財務諸表として使えますし、日本の会社が任意適用したIFRSでつくった連結財務諸表をヨーロッパの市場に持っていけば、ヨーロッパの市場はそのまま受け入れてくれます。アメリカに持っていってもそのまま受け入れてくれます。アメリカは自国の企業がIFRSを適用することは認めていませんが、外国企業の場合はOKだとしています。「同等性評価」を基にした「相互承認」です。

日本とアメリカの間では、会計基準の「同等性評価」は行われていません。ですから日本の企業がアメリカ市場で資金調達したいときは、従来どおり、アメリカのSEC基準を適用するか、IFRSで連結を作成すればよいわけです。

そういうことがだんだんわかってくると、すべての上場会社にIFRSを強制適用するニーズはないのではないかという声が審議会の中でもだんだん支配的になってきたのではないかと思います。

そうしますと、私達にとってこれからの大きな課題は、「日本の会計基準は今のままでいいのか」、という問題だと思います。橋本さんがいわゆる「金融ビッグバン」を言い出して、その流れの中で会計改革を一緒にやったわけです。やったことはアメリカから時価会計の基準を取り込んで、連結の基準を取り込んで、退職給付や減損、資産除去債務などの会計基準を取り込んで、ヨーロッパ経由で来ているわけではなく、日本はほとんどがアメリカの基準を取り込んでいます。

アメリカの基準をどんどん取り込んで、先ほども言いましたが、収益費用アプローチとはまるで相合わない基準がたくさんつくられました。これからの日本が少なくとも連結はＩＦＲＳ任意適用となったときに、日本の会社はどういう会計をするべきでしょうか。日本の会計基準は、国際化を錦の御旗にしてこの10年ほどの間に大きく変わりました。会計士だけでなく会計学者もついていけないくらいのスピードと、理解が追いつかないくらいの変化でした。きっと経営者の方々や経理担当の皆さんは、いったい何が起こっているのかもよくわからず、新しい基準群を適用した財務諸表からは、わが社の実態も読めないようになったのではないでしょうか。針が必要以上に振れたのです。

「行き過ぎを戻す」

これから私達が真剣に議論しなければならないのは、どれだけ行き過ぎを戻すかということではないかと思います。行き過ぎを戻すというのは、先ほどいくつか申し上げましたが、時価会計の基準であれ、退職給付であれ、合併であれ、資産除去債務であれ、こういった行き過ぎたものを元に戻していくということです。

では、どこまで戻すのかということですが、私は、会計改革前の、昔の会計基準がいいとは思いません。戻すと言っても、そこには何らかの歯止めと言いますか、何らかの指標が必要だろうと思います。先ほど、収益費用アプローチのところで言いましたけれども、やはり経営者の感覚を非常に大事にしなければいけないのではないかと思います。経営者の方は肌で感じている面があります。今年は景気もよかったし、これだけものも売れたからこのぐらいの利益は上がっているはずだという感覚があります。私がよく言うことですが、その経営者の感覚・実感が世の中の社会通念と一致しているようであれば、それは世の中でも当然のこととして受け入れられる利益概念なり資産概念になるのではないか、そうした、経営者も納得し、社会通念上も受け入れられる利益を計算するようなシステム、私達はこうした健全な会計、サウンド・アカウンティングと呼んでいますが、そういう会計を構築していくことが大事だと思います。

これからの日本の会計は、一部の会社では連結はＩＦＲＳを使うことになるかもしれません。お付合いが必要なところもあるかもしれませんけれども、個別財務諸表は国際的なお付合いが必要ないことがだんだんわかってきました。であれば、個別財務諸表を適用される会計基準は日本用の……、というか、ものをつくっている国々はだいたい同じ考え方をとっていますから、アジアの国々、ヨーロッパ大陸の国々、どこでも使える会計観ではないかと思います。アメリカもたぶん、オバマさんがものづくりに戻ることになれば、そういう会計観がやはり必要になるのではないかと思います。